PREFACIO

La colección de guías de conversación para viajar "Todo irá bien" publicada por T&P Books está diseñada para personas que viajan al extranjero para turismo y negocios. Las guías contienen lo más importante - los elementos esenciales para una comunicación básica.Éste es un conjunto de frases imprescindibles para "sobrevivir" mientras está en el extranjero.

Esta guía de conversación le ayudará en la mayoría de los casos donde usted necesite pedir algo, conseguir direcciones, saber cuánto cuesta algo, etc. Puede también resolver situaciones difíciles de la comunicación donde los gestos no pueden ayudar.

Este libro contiene muchas frases que han sido agrupadas según los temas más relevantes. Una sección separada del libro también ofrece un pequeño diccionario con más de 1.500 palabras importantes y útiles.

Llévese la guía de conversación "Todo irá bien" en el camino y tendrá una insustituible compañera de viaje que le ayudará a salir de cualquier situación y le enseñará a no temer hablar con extranjeros.

TABLA DE CONTENIDOS

T&P Books Publishing

Colección de guías de conversación
"¡Todo irá bien!"

T&P Books Publishing

GUÍA DE CONVERSACIÓN
— INDONESIO —

LAS PALABRAS Y LAS FRASES MÁS ÚTILES

Esta Guía de Conversación contiene las frases y las preguntas más comunes necesitadas para una comunicación básica con extranjeros

Andrey Taranov

T&P BOOKS

Guía de conversación + diccionario de 1500 palabras

Guía de conversación Español-Indonesio y diccionario conciso de 1500 palabras

por Andrey Taranov

La colección de guías de conversación para viajar "Todo irá bien" publicada por T&P Books está diseñada para personas que viajan al extranjero para turismo y negocios. Las guías contienen lo más importante - los elementos esenciales para una comunicación básica. Éste es un conjunto de frases imprescindibles para "sobrevivir" mientras está en el extranjero.

Una otra sección del libro también ofrece un pequeño diccionario con más de 1.500 palabras útiles. El diccionario incluye muchos términos gastronómicos y será de gran ayuda para pedir los alimentos en un restaurante o comprando comestibles en la tienda.

T&P Books Publishing
www.tpbooks.com

ISBN: 978-1-78616-896-2

Este libro está disponible en formato electrónico o de E-Book también.
Visite www.tpbooks.com o las librerías electrónicas más destacadas en la Red.

PRONUNCIACIÓN

La letra	Ejemplo indonesio	T&P alfabeto fonético	Ejemplo español
Aa	zaman	[a]	radio
Bb	besar	[b]	en barco
Cc	kecil, cepat	[tʃ]	mapache
Dd	dugaan	[d]	desierto
Ee	segera, mencium	[e], [ə]	viernes
Ff	berfungsi	[f]	golf
Gg	juga, lagi	[g]	jugada
Hh	hanya, bahwa	[h]	registro
Ii	izin, sebagai ganti	[i], [j]	ilegal, asiento
Jj	setuju, ijin	[dʒ]	tadzhik
Kk	kemudian, tidak	[k], [']	charco, oclusiva glotal sorda
Ll	dilarang	[l]	lira
Mm	melihat	[m]	nombre
Nn	berenang	[n], [ŋ]	número, manga
Oo	toko roti	[o:]	domicilio
Pp	peribahasa	[p]	precio
Qq	Aquarius	[k]	charco
Rr	ratu, riang	[r]	rumbo
Ss	sendok, syarat	[s], [ʃ]	salva, shopping
Tt	tamu, adat	[t]	torre
Uu	ambulans	[u]	mundo
Vv	renovasi	[v]	travieso
Ww	pariwisata	[w]	acuerdo
Xx	boxer	[ks]	taxi
Yy	banyak, syarat	[j]	asiento
Zz	zamrud	[z]	desde

Las combinaciones de letras

aa	maaf	[aˀa]	a+oclusiva glotal sorda
kh	khawatir	[h]	registro
th	Gereja Lutheran	[t]	torre
-k	tidak	[']	oclusiva glotal sorda

LISTA DE ABREVIATURAS

Abreviatura en español

adj	-	adjetivo
adv	-	adverbio
anim.	-	animado
conj	-	conjunción
etc.	-	etcétera
f	-	sustantivo femenino
f pl	-	femenino plural
fam.	-	uso familiar
fem.	-	femenino
form.	-	uso formal
inanim.	-	inanimado
innum.	-	innumerable
m	-	sustantivo masculino
m pl	-	masculino plural
m, f	-	masculino, femenino
masc.	-	masculino
mat	-	matemáticas
mil.	-	militar
num.	-	numerable
p.ej.	-	por ejemplo
pl	-	plural
pron	-	pronombre
sg	-	singular
v aux	-	verbo auxiliar
vi	-	verbo intransitivo
vi, vt	-	verbo intransitivo, verbo transitivo
vr	-	verbo reflexivo
vt	-	verbo transitivo

T&P BOOKS

GUÍA DE
CONVERSACIÓN
INDONESIO

Esta sección contiene frases
importantes que pueden
resultar útiles en varias
situaciones de la vida real.
La Guía le ayudará a pedir
direcciones, aclaración
sobre precio, comprar billetes,
y pedir alimentos en un
restaurante

T&P Books Publishing

CONTENIDO DE LA GUÍA DE CONVERSACIÓN

T&P Books Publishing

Perdone, …	**Permisi, …** [permisi, …]
Hola.	**Halo.** [halo]
Gracias.	**Terima kasih.** [terima kasih]

Sí.	**Ya.** [ja]
No.	**Tidak.** [tida']
No lo sé.	**Saya tidak tahu.** [saja tida' tahu]
¿Dónde? | ¿A dónde? | ¿Cuándo?	**Di mana? | Ke mana? | Kapan?** [di mana? | ke mana? | kapan?]

Necesito …	**Saya perlu …** [saja perlu …]
Quiero …	**Saya ingin …** [saja iŋin …]
¿Tiene …?	**Apa Anda punya …?** [apa anda punja …?]
¿Hay … por aquí?	**Apa ada … di sini?** [apa ada … di sini?]
¿Puedo …?	**Boleh saya …?** [boleh saja …?]
…, por favor? (petición educada)	**Tolong, …** [toloŋ, …]

Busco …	**Saya sedang mencari …** [saja sedaŋ mentʃari …]
el servicio	**kamar kecil** [kamar ketʃil]
un cajero automático	**ATM** [a-te-em]
una farmacia	**apotek** [apote']
el hospital	**rumah sakit** [rumah sakit]

la comisaría	**kantor polisi** [kantor polisi]
el metro	**stasiun bawah tanah** [stasiun bawah tanah]

un taxi	**taksi** [taksi]
la estación de tren	**stasiun kereta api** [stasiun kereta api]

Me llamo …	**Nama saya ...** [nama saja ...]
¿Cómo se llama?	**Siapa nama Anda?** [siapa nama anda?]
¿Puede ayudarme, por favor?	**Bisakah Anda menolong saya?** [bisakah anda menoloŋ saja?]
Tengo un problema.	**Saya sedang kesulitan.** [saja sedaŋ kesulitan]
Me encuentro mal.	**Saya tidak enak badan.** [saja tida' enak badan]
¡Llame a una ambulancia!	**Panggil ambulans!** [paŋgil ambulans!]
¿Puedo llamar, por favor?	**Boleh saya menelepon?** [boleh saja menelepon?]

Lo siento.	**Maaf.** [ma'af]
De nada.	**Terima kasih kembali.** [terima kasih kembali]

Yo	**Saya, aku** [saja, aku]
tú	**kamu, kau** [kamu, kau]
él	**dia, ia** [dia, ia]
ella	**dia, ia** [dia, ia]
ellos	**mereka** [mereka]
ellas	**mereka** [mereka]
nosotros /nosotras/	**kami** [kami]
ustedes, vosotros	**kalian** [kalian]
usted	**Anda** [anda]

ENTRADA	**MASUK** [masu']
SALIDA	**KELUAR** [keluar]
FUERA DE SERVICIO	**TIDAK DAPAT DIGUNAKAN** [tida' dapat digunakan]
CERRADO	**TUTUP** [tutup]

ABIERTO	**BUKA** [buka]
PARA SEÑORAS	**UNTUK PEREMPUAN** [untu' perempuan]
PARA CABALLEROS	**UNTUK LAKI-LAKI** [untu' laki-laki]

Preguntas

¿Dónde?	**Di mana?** [di mana?]
¿A dónde?	**Ke mana?** [ke mana?]
¿De dónde?	**Dari mana?** [dari mana?]
¿Por qué?	**Kenapa?** [kenapa?]
¿Con que razón?	**Untuk apa?** [untuʼ apa?]
¿Cuándo?	**Kapan?** [kapan?]
¿Cuánto tiempo?	**Berapa lama?** [berapa lama?]
¿A qué hora?	**Jam berapa?** [dʒˈam berapa?]
¿Cuánto?	**Berapa harganya?** [berapa harganja?]
¿Tiene ...?	**Apa Anda punya ...?** [apa anda punja ...?]
¿Dónde está ...?	**Di mana ...?** [di mana ...?]
¿Qué hora es?	**Jam berapa sekarang?** [dʒˈam berapa sekaraŋ?]
¿Puedo llamar, por favor?	**Boleh saya menelepon?** [boleh saja menelepon?]
¿Quién es?	**Siapa di sana?** [siapa di sana?]
¿Se puede fumar aquí?	**Boleh saya merokok di sini?** [boleh saja merokoʼ di sini?]
¿Puedo ...?	**Boleh saya ...?** [boleh saja ...?]

Necesidades

Quisiera …	**Saya hendak …** [saja henda' …]
No quiero …	**Saya tidak ingin …** [saja tida' iŋin …]
Tengo sed.	**Saya haus.** [saja haus]
Tengo sueño.	**Saya ingin tidur.** [saja iŋin tidur]
Quiero …	**Saya ingin …** [saja iŋin …]
lavarme	**mandi** [mandi]
cepillarme los dientes	**menyikat gigi** [menjikat gigi]
descansar un momento	**istirahat sebentar** [istirahat sebentar]
cambiarme de ropa	**ganti pakaian** [ganti pakajan]
volver al hotel	**kembali ke hotel** [kembali ke hotel]
comprar …	**membeli …** [membeli …]
ir a …	**pergi ke …** [pergi ke …]
visitar …	**mengunjungi …** [meŋundʒˈuŋi …]
quedar con …	**bertemu dengan …** [bertemu deŋan …]
hacer una llamada	**menelepon** [menelepon]
Estoy cansado /cansada/.	**Saya lelah.** [saja lelah]
Estamos cansados /cansadas/.	**Kami lelah.** [kami lelah]
Tengo frío.	**Saya kedinginan.** [saja kediŋinan]
Tengo calor.	**Saya kepanasan.** [saja kepanasan]
Estoy bien.	**Saya baik-baik saja.** [saja bai'-bai' sadʒˈa]

Tengo que hacer una llamada.

Saya perlu menelepon.
[saja perlu menelepon]

Necesito ir al servicio.

Saya perlu pergi ke kamar kecil.
[saja perlu pergi ke kamar ketʃil]

Me tengo que ir.

Saya harus pergi.
[saja harus pergi]

Me tengo que ir ahora.

Saya harus pergi sekarang.
[saja harus pergi sekaraŋ]

Preguntar por direcciones

Perdone, …	**Permisi, ...** [permisi, ...]
¿Dónde está …?	**Di mana ...?** [di mana ...?]
¿Por dónde está …?	**Ke manakah arah ke ...?** [ke manakah arah ke ...?]
¿Puede ayudarme, por favor?	**Bisakah Anda menolong saya?** [bisakah anda menoloŋ saja?]
Busco …	**Saya sedang mencari ...** [saja sedaŋ mentʃari ...]
Busco la salida.	**Saya sedang mencari pintu keluar.** [saja sedaŋ mentʃari pintu keluar]
Voy a …	**Saya akan pergi ke ...** [saja akan pergi ke ...]
¿Voy bien por aquí para …?	**Benarkah ini jalan ke ...?** [benarkah ini dʒⁱalan ke ...?]
¿Está lejos?	**Apakah tempatnya jauh?** [apakah tempatnja dʒⁱauh?]
¿Puedo llegar a pie?	**Bisakah saya berjalan kaki ke sana?** [bisakah saja berdʒⁱalan kaki ke sana?]
¿Puede mostrarme en el mapa?	**Bisakah Anda tunjukkan di peta?** [bisakah anda tundʒⁱuʔkan di peta?]
Por favor muestreme dónde estamos.	**Tunjukkan di mana lokasi kita sekarang.** [tundʒⁱuʔkan di mana lokasi kita sekaraŋ]
Aquí	**Di sini** [di sini]
Allí	**Di sana** [di sana]
Por aquí	**Jalan ini** [dʒⁱalan ini]
Gire a la derecha.	**Belok kanan.** [beloʔ kanan]
Gire a la izquierda.	**Belok kiri.** [beloʔ kiri]
la primera (segunda, tercera) calle	**belokan pertama (kedua, ketiga)** [belokan pertama (kedua, ketiga)]
a la derecha	**ke kanan** [ke kanan]

a la izquierda

ke kiri
[ke kiri]

Siga recto.

Lurus terus.
[lurus terus]

Carteles

¡BIENVENIDO!	**SELAMAT DATANG!** [selamat dataŋ!]
ENTRADA	**MASUK** [masu']
SALIDA	**KELUAR** [keluar]

EMPUJAR	**DORONG** [doroŋ]
TIRAR	**TARIK** [tari']
ABIERTO	**BUKA** [buka]
CERRADO	**TUTUP** [tutup]

PARA SEÑORAS	**UNTUK PEREMPUAN** [untu' perempuan]
PARA CABALLEROS	**UNTUK LAKI-LAKI** [untu' laki-laki]
CABALLEROS	**PRIA** [pria]
SEÑORAS	**WANITA** [wanita]

REBAJAS	**DISKON** [diskon]
VENTA	**OBRAL** [obral]
GRATIS	**GRATIS** [gratis]
¡NUEVO!	**BARU!** [baru!]
ATENCIÓN	**PERHATIAN!** [perhatian!]

COMPLETO	**KAMAR PENUH** [kamar penuh]
RESERVADO	**DIPESAN** [dipesan]
ADMINISTRACIÓN	**ADMINISTRASI** [administrasi]
SÓLO PERSONAL AUTORIZADO	**HANYA UNTUK STAF** [hanja untu' staf]

CUIDADO CON EL PERRO	**AWAS ANJING GALAK!** [awas anʤiŋ galaʔ!]
NO FUMAR	**DILARANG MEROKOK!** [dilaraŋ merokoʔ!]
NO TOCAR	**JANGAN SENTUH!** [ʤaŋan sentuh!]

PELIGROSO	**BERBAHAYA** [berbahaja]
PELIGRO	**BAHAYA** [bahaja]
ALTA TENSIÓN	**TEGANGAN TINGGI** [tegaŋan tiŋgi]
PROHIBIDO BAÑARSE	**DILARANG BERENANG!** [dilaraŋ berenaŋ!]

FUERA DE SERVICIO	**TIDAK DAPAT DIGUNAKAN** [tidaʔ dapat digunakan]
INFLAMABLE	**MUDAH TERBAKAR** [mudah terbakar]
PROHIBIDO	**DILARANG** [dilaraŋ]
PROHIBIDO EL PASO	**DILARANG MASUK!** [dilaraŋ masuʔ!]
RECIÉN PINTADO	**CAT BASAH** [ʧat basah]

CERRADO POR RENOVACIÓN	**DITUTUP KARENA ADA PERBAIKAN** [ditutup karena ada perbaikan]
EN OBRAS	**ADA PROYEK DI DEPAN** [ada projeʔ di depan]
DESVÍO	**JALUR ALTERNATIF** [ʤalur alternatif]

Transporte. Frases generales

el avión	**pesawat** [pesawat]
el tren	**kereta api** [kereta api]
el bus	**bus** [bus]
el ferry	**feri** [feri]
el taxi	**taksi** [taksi]
el coche	**mobil** [mobil]

el horario	**jadwal** [dʒadwal]
¿Dónde puedo ver el horario?	**Di mana saya dapat melihat jadwalnya?** [di mana saja dapat melihat dʒadwalnja?]
días laborables	**hari kerja** [hari kerdʒia]
fines de semana	**akhir pekan** [ahir pekan]
días festivos	**hari libur** [hari libur]

SALIDA	**KEBERANGKATAN** [keberaŋkatan]
LLEGADA	**KEDATANGAN** [kedataŋan]
RETRASADO	**DITUNDA** [ditunda]
CANCELADO	**DIBATALKAN** [dibatalkan]

siguiente (tren, etc.)	**berikutnya** [berikutnja]
primero	**pertama** [pertama]
último	**terakhir** [terahir]

¿Cuándo pasa el siguiente …?

Kapan … berikutnya?
[kapan … berikutnja?]

¿Cuándo pasa el primer …?

Kapan … pertama?
[kapan … pertama?]

¿Cuándo pasa el último …?

Kapan … terakhir?
[kapan … terahir?]

el trasbordo (cambio de trenes, etc.)

pindah
[pindah]

hacer un trasbordo

berpindah
[berpindah]

¿Tengo que hacer un trasbordo?

Haruskah saya berpindah?
[haruskah saja berpindah?]

Comprar billetes

¿Dónde puedo comprar un billete?

Di mana saya dapat membeli tiket?
[di mana saja dapat membeli tiket?]

el billete

tiket
[tiket]

comprar un billete

membeli tiket
[membeli tiket]

precio del billete

harga tiket
[harga tiket]

¿Para dónde?

Ke mana?
[ke mana?]

¿A qué estación?

Ke stasiun apa?
[ke stasiun apa?]

Necesito ...

Saya perlu ...
[saja perlu ...]

un billete

satu tiket
[satu tiket]

dos billetes

dua tiket
[dua tiket]

tres billetes

tiga tiket
[tiga tiket]

sólo ida

sekali jalan
[sekali dʒ'alan]

ida y vuelta

pulang pergi
[pulaŋ pergi]

en primera (primera clase)

kelas satu
[kelas satu]

en segunda (segunda clase)

kelas dua
[kelas dua]

hoy

hari ini
[hari ini]

mañana

besok
[beso']

pasado mañana

lusa
[lusa]

por la mañana

pagi
[pagi]

por la tarde

siang
[siaŋ]

por la noche

malam
[malam]

asiento de pasillo

kursi dekat lorong
[kursi dekat loroŋ]

asiento de ventanilla

kursi dekat jendela
[kursi dekat dʒendela]

¿Cuánto cuesta?

Berapa harganya?
[berapa harganja?]

¿Puedo pagar con tarjeta?

Bisakah saya membayar dengan kartu kredit?
[bisakah saja membajar deŋan kartu kredit?]

Autobús

el autobús	**bus** [bus]
el autobús interurbano	**bus antarkota** [bus antarkota]
la parada de autobús	**pemberhentian bus** [pemberhentian bus]
¿Dónde está la parada de autobuses más cercana?	**Di mana pemberhentian bus terdekat?** [di mana pemberhentian bus terdekat?]

número	**nomor** [nomor]
¿Qué autobús tengo que tomar para ...?	**Bus apa yang ke ...?** [bus apa jaŋ ke ...?]
¿Este autobús va a ...?	**Apakah bus ini ke ...?** [apakah bus ini ke ...?]
¿Cada cuanto pasa el autobús?	**Seberapa sering busnya datang?** [seberapa seriŋ busnja dataŋ?]

cada 15 minutos	**setiap 15 menit** [setiap lima belas menit]
cada media hora	**setiap setengah jam** [setiap seteŋah dʒam]
cada hora	**setiap jam** [setiap dʒam]
varias veces al día	**beberapa kali sehari** [beberapa kali sehari]
... veces al día	**... kali sehari** [... kali sehari]

el horario	**jadwal** [dʒadwal]
¿Dónde puedo ver el horario?	**Di mana saya dapat melihat jadwalnya?** [di mana saja dapat melihat dʒadwalnja?]
¿Cuándo pasa el siguiente autobús?	**Kapan bus berikutnya?** [kapan bus berikutnja?]
¿Cuándo pasa el primer autobús?	**Kapan bus pertama?** [kapan bus pertama?]
¿Cuándo pasa el último autobús?	**Kapan bus terakhir?** [kapan bus terahir?]
la parada	**pemberhentian** [pemberhentian]

la siguiente parada

pemberhentian berikutnya
[pemberhentian berikutnja]

la última parada

pemberhentian terakhir (terminal)
[pemberhentian terahir (terminal)]

Pare aquí, por favor.

Berhenti di sini.
[berhenti di sini]

Perdone, esta es mi parada.

Permisi, saya turun di sini.
[permisi, saja turun di sini]

Tren

el tren	**kereta api** [kereta api]
el tren de cercanías	**kereta api lokal** [kereta api lokal]
el tren de larga distancia	**kereta api jarak jauh** [kereta api ʤarak ʤauh]
la estación de tren	**stasiun kereta api** [stasiun kereta api]
Perdone, ¿dónde está la salida al anden?	**Permisi, di manakah pintu ke arah peron?** [permisi, di manakah pintu ke arah peron?]

¿Este tren va a …?	**Apakah kereta api ini menuju ke …?** [apakah kereta api ini menuʤu ke …?]
el siguiente tren	**kereta api berikutnya** [kereta api berikutnja]
¿Cuándo pasa el siguiente tren?	**Kapan kereta api berikutnya?** [kapan kereta api berikutnja?]
¿Dónde puedo ver el horario?	**Di mana saya dapat melihat jadwalnya?** [di mana saja dapat melihat ʤadwalnja?]
¿De qué andén?	**Dari peron jalur berapa?** [dari peron ʤalur berapa?]
¿Cuándo llega el tren a …?	**Kapan kereta api ini sampai di …?** [kapan kereta api ini sampaj di …?]

Ayudeme, por favor.	**Tolong bantu saya.** [toloŋ bantu saja]
Busco mi asiento.	**Saya sedang mencari kursi saya.** [saja sedaŋ menʧari kursi saja]
Buscamos nuestros asientos.	**Kami sedang mencari kursi kami.** [kami sedaŋ menʧari kursi kami]

Mi asiento está ocupado.	**Kursi saya sudah ditempati.** [kursi saja sudah ditempati]
Nuestros asientos están ocupados.	**Kursi kami sudah ditempati.** [kursi kami sudah ditempati]
Perdone, pero ese es mi asiento.	**Maaf, ini kursi saya.** [ma'af, ini kursi saja]

¿Está libre?

Apakah kursi ini sudah diambil?
[apakah kursi ini sudah diambil?]

¿Puedo sentarme aquí?

Boleh saya duduk di sini?
[boleh saja dudu' di sini?]

En el tren. Diálogo (Sin billete)

Su billete, por favor.

Permisi, tiketnya.
[permisi, tiketnja]

No tengo billete.

Saya tidak punya tiket.
[saja tida' punja tiket]

He perdido mi billete.

Tiket saya hilang.
[tiket saja hilaŋ]

He olvidado mi billete en casa.

Tiket saya tertinggal di rumah.
[tiket saja tertiŋgal di rumah]

Le puedo vender un billete.

Anda bisa membeli tiket dari saya.
[anda bisa membeli tiket dari saja]

También deberá pagar una multa.

Anda juga harus membayar denda.
[anda dʒuga harus membajar denda]

Vale.

Baik.
[bai']

¿A dónde va usted?

Ke manakah tujuan Anda?
[ke manakah tudʒuan anda?]

Voy a …

Saya akan pergi ke ...
[saja akan pergi ke ...]

¿Cuánto es? No lo entiendo.

Berapa harganya? Saya tidak mengerti.
[berapa harganja? saja tida' meŋerti]

Escríbalo, por favor.

Tolong tuliskan.
[toloŋ tuliskan]

Vale. ¿Puedo pagar con tarjeta?

Baik. Bisakah saya membayar dengan kartu kredit?
[bai'. bisakah saja membajar deŋan kartu kredit?]

Sí, puede.

Ya, bisa.
[ja, bisa]

Aquí está su recibo.

Ini tanda terimanya.
[ini tanda terimanja]

Disculpe por la multa.

Maaf atas dendanya.
[ma'af atas dendanja]

No pasa nada. Fue culpa mía.

Tidak apa-apa. Saya yang salah.
[tida' apa-apa. saja jaŋ salah.]

Disfrute su viaje.

Selamat menikmati perjalanan.
[selamat menikmati perdʒalanan]

Taxi

taxi	**taksi** [taksi]
taxista	**sopir taksi** [sopir taksi]
coger un taxi	**menyetop taksi** [menjetop taksi]
parada de taxis	**pangkalan taksi** [paŋkalan taksi]
¿Dónde puedo coger un taxi?	**Di mana saya bisa mendapatkan taksi?** [di mana saja bisa mendapatkan taksi?]

llamar a un taxi	**menelepon taksi** [menelepon taksi]
Necesito un taxi.	**Saya perlu taksi.** [saja perlu taksi]
Ahora mismo.	**Sekarang.** [sekaraŋ]
¿Cuál es su dirección?	**Di mana alamat Anda?** [di mana alamat anda?]
Mi dirección es ...	**Alamat saya di ...** [alamat saja di ...]
¿Cuál es el destino?	**Tujuan Anda?** [tudʒuan anda?]

Perdone, ...	**Permisi, ...** [permisi, ...]
¿Está libre?	**Apa taksi ini kosong?** [apa taksi ini kosoŋ?]
¿Cuánto cuesta ir a ...?	**Berapa ongkos ke ...?** [berapa oŋkos ke ...?]
¿Sabe usted dónde está?	**Tahukah Anda tempatnya?** [tahukah anda tempatnja?]

Al aeropuerto, por favor.	**Ke bandara.** [ke bandara]
Pare aquí, por favor.	**Berhenti di sini.** [berhenti di sini]
No es aquí.	**Bukan di sini.** [bukan di sini]
La dirección no es correcta.	**Alamatnya salah.** [alamatnja salah]

Gire a la izquierda.	**Belok kiri** [belo' kiri]
Gire a la derecha.	**Belok kanan.** [belo' kanan]

¿Cuánto le debo?	**Berapa yang harus saya bayar?** [berapa jaŋ harus saja bajar?]
¿Me da un recibo, por favor?	**Saya minta tanda terimanya.** [saja minta tanda terimanja]
Quédese con el cambio.	**Kembaliannya untuk Anda.** [kembaliannja untu' anda]

Espéreme, por favor.	**Maukah Anda menunggu saya?** [maukah anda menuŋgu saja?]
cinco minutos	**lima menit** [lima menit]
diez minutos	**sepuluh menit** [sepuluh menit]
quince minutos	**lima belas menit** [lima belas menit]
veinte minutos	**dua puluh menit** [dua puluh menit]
media hora	**setengah jam** [seteŋah dʒʲam]

Hotel

Hola.	**Halo.** [halo]
Me llamo …	**Nama saya …** [nama saja …]
Tengo una reserva.	**Saya sudah memesan.** [saja sudah memesan]
Necesito …	**Saya perlu …** [saja perlu …]
una habitación individual	**kamar single** [kamar siŋle]
una habitación doble	**kamar double** [kamar double]
¿Cuánto cuesta?	**Berapa harganya?** [berapa harganja?]
Es un poco caro.	**Agak mahal.** [aga' mahal]
¿Tiene alguna más?	**Apa Anda punya opsi lain?** [apa anda punja opsi lain?]
Me quedo.	**Saya ambil.** [saja ambil]
Pagaré en efectivo.	**Saya bayar tunai.** [saja bajar tunaj]
Tengo un problema.	**Saya sedang kesulitan.** [saja sedaŋ kesulitan]
Mi … no funciona.	**… saya rusak.** [… saja rusa']
Mi … está fuera de servicio.	**… saya tidak dapat digunakan.** [… saja tida' dapat digunakan]
televisión	**TV** [tv]
aire acondicionado	**alat pendingin hawa** [alat pendiŋin hawa]
grifo	**keran** [keran]
ducha	**pancuran** [pantʃuran]
lavabo	**bak cuci** [ba' tʃutʃi]
caja fuerte	**brankas** [brankas]

cerradura	**kunci pintu** [kunʧi pintu]
enchufe	**stopkontak** [stopkontak]
secador de pelo	**pegering rambut** [pegeriŋ rambut]

No tengo …	**Tidak ada ...** [tidaʔ ada ...]
agua	**air** [air]
luz	**lampu** [lampu]
electricidad	**listrik** [listriʔ]

¿Me puede dar …?	**Bisakah Anda memberi saya ...?** [bisakah anda memberi saja ...?]
una toalla	**handuk** [handuʔ]
una sábana	**selimut** [selimut]
unas chanclas	**sandal** [sandal]
un albornoz	**jubah** [ʤˈubah]
un champú	**sampo** [sampo]
jabón	**sabun** [sabun]

Quisiera cambiar de habitación.	**Saya ingin pindah kamar.** [saja iŋin pindah kamar]
No puedo encontrar mi llave.	**Kunci saya tidak ketemu.** [kunʧi saja tidaʔ ketemu]
Por favor abra mi habitación.	**Bisakah Anda membukakan pintu saya?** [bisakah anda membukakan pintu saja?]
¿Quién es?	**Siapa di sana?** [siapa di sana?]
¡Entre!	**Masuk!** [masuʔ!]
¡Un momento!	**Tunggu sebentar!** [tuŋgu sebentar!]
Ahora no, por favor.	**Jangan sekarang.** [ʤˈaŋan sekaraŋ]

Venga a mi habitación, por favor.	**Datanglah ke kamar saya.** [dataŋlah ke kamar saja]
Quisiera hacer un pedido.	**Saya ingin memesan makanan.** [saja iŋin memesan makanan]

Mi número de habitación es …   **Nomor kamar saya …**
                                      [nomor kamar saja …]

Me voy …   **Saya pergi …**
                                      [saja pergi …]

Nos vamos …   **Kami pergi …**
                                      [kami pergi …]

Ahora mismo   **sekarang**
                                      [sekaraŋ]

esta tarde   **siang ini**
                                      [siaŋ ini]

esta noche   **malam ini**
                                      [malam ini]

mañana   **besok**
                                      [besoʔ]

mañana por la mañana   **besok pagi**
                                      [besoʔ pagi]

mañana por la noche   **besok malam**
                                      [besoʔ malam]

pasado mañana   **lusa**
                                      [lusa]

Quisiera pagar la cuenta.   **Saya hendak membayar.**
                                      [saja hendaʔ membajar]

Todo ha estado estupendo.   **Segalanya luar biasa.**
                                      [segalanja luar biasa]

¿Dónde puedo coger un taxi?   **Di mana saya bisa mendapatkan taxi?**
                                      [di mana saja bisa mendapatkan taksi?]

¿Puede llamarme un taxi, por favor?   **Bisakah Anda memanggilkan saya taxi?**
                                      [bisakah anda memaŋgilkan saja taksi?]

Restaurante

¿Puedo ver el menú, por favor?	**Bisakah saya melihat menunya?** [bisakah saja melihat menunja?]
Mesa para uno.	**Meja untuk satu orang.** [medʒia untuʔ satu oraŋ]
Somos dos (tres, cuatro).	**Kami berdua (bertiga, berempat).** [kami berdua (bertiga, berempat)]

Para fumadores	**Ruang Merokok** [ruaŋ merokoʔ]
Para no fumadores	**Ruang Bebas Rokok** [ruaŋ bebas rokoʔ]
¡Por favor! (llamar al camarero)	**Permisi!** [permisi!]
la carta	**menu** [menu]
la carta de vinos	**daftar anggur** [daftar aŋgur]
La carta, por favor.	**Tolong menunya.** [toloŋ menunja]

¿Está listo para pedir?	**Apakah Anda siap memesan?** [apakah anda siap memesan?]
¿Qué quieren pedir?	**Apa yang ingin Anda pesan?** [apa jaŋ iŋin anda pesan?]
Yo quiero …	**Saya ingin memesan ...** [saja iŋin memesan ...]

Soy vegetariano.	**Saya vegetarian.** [saja vegetarian]
carne	**daging** [dagiŋ]
pescado	**ikan** [ikan]
verduras	**sayur mayur** [sajur majur]
¿Tiene platos para vegetarianos?	**Apa Anda punya hidangan vegetarian?** [apa anda punja hidaŋan vegetarian?]

No como cerdo.	**Saya tidak makan daging babi.** [saja tidaʔ makan dagiŋ babi]
Él /Ella/ no come carne.	**Dia tidak makan daging.** [dia tidaʔ makan dagiŋ]

Soy alérgico a …

Saya alergi ...
[saja alergi ...]

¿Me puede traer …, por favor?

Tolong ambilkan ...
[toloŋ ambilkan ...]

sal | pimienta | azúcar

garam | merica | gula
[garam | meritʃa | gula]

café | té | postre

kopi | teh | pencuci mulut
[kopi | teh | pentʃutʃi mulut]

agua | con gas | sin gas

air | air soda | air putih
[air | air soda | air putih]

una cuchara | un tenedor | un cuchillo

sendok | garpu | pisau
[sendoʔ | garpu | pisau]

un plato | una servilleta

piring | serbet
[piriŋ | serbet]

¡Buen provecho!

Selamat menikmati!
[selamat menikmati!]

Uno más, por favor.

Tambah satu lagi.
[tambah satu lagi]

Estaba delicioso.

Benar-benar lezat.
[benar-benar lezat]

---

la cuenta | el cambio | la propina

tagihan | kembalian | tip
[tagihan | kembalian | tip]

La cuenta, por favor.

Tolong tagihannya.
[toloŋ tagihannja]

¿Puedo pagar con tarjeta?

Bisakah saya membayar dengan kartu kredit?
[bisakah saja membajar deŋan kartu kredit?]

Perdone, aquí hay un error.

Maaf, ada kesalahan di sini.
[maʔaf, ada kesalahan di sini]

De Compras

¿Puedo ayudarle?	**Ada yang bisa saya bantu?** [ada jaŋ bisa saja bantu?]
¿Tiene …?	**Apa Anda punya …?** [apa anda punja …?]
Busco …	**Saya sedang mencari …** [saja sedaŋ mentʃari …]
Necesito …	**Saya perlu …** [saja perlu …]
Sólo estoy mirando.	**Saya hanya melihat-lihat.** [saja hanja melihat-lihat]
Sólo estamos mirando.	**Kami hanya melihat-lihat.** [kami hanja melihat-lihat]
Volveré más tarde.	**Saya akan kembali lagi nanti.** [saja akan kembali lagi nanti]
Volveremos más tarde.	**Kami akan kembali lagi nanti.** [kami akan kembali lagi nanti]
descuentos | oferta	**diskon | obral** [diskon | obral]

Por favor, enséñeme …	**Bisakah Anda tunjukkan …** [bisakah anda tundʒuʔkan …]
¿Me puede dar …, por favor?	**Bisakah Anda ambilkan …** [bisakah anda ambilkan …]
¿Puedo probarmelo?	**Bisakah saya mencobanya?** [bisakah saja mentʃobanja?]
Perdone, ¿dónde están los probadores?	**Permisi, di mana kamar pasnya?** [permisi, di mana kamar pasnja?]
¿Qué color le gustaría?	**Warna apa yang Anda inginkan?** [warna apa jaŋ anda iŋinkan?]
la talla | el largo	**ukuran | panjang** [ukuran | pandʒaŋ]
¿Cómo le queda? (¿Está bien?)	**Apakah pas?** [apakah pas?]

¿Cuánto cuesta esto?	**Berapa harganya?** [berapa harganja?]
Es muy caro.	**Itu terlalu mahal.** [itu terlalu mahal]
Me lo llevo.	**Saya ambil.** [saja ambil]
Perdone, ¿dónde está la caja?	**Permisi, di mana saya harus membayar?** [permisi, di mana saja harus membajar?]

¿Pagará en efectivo o con tarjeta?

Apakah Anda ingin membayar tunai atau dengan kartu kredit?
[apakah anda iŋin membajar tunaj atau deŋan kartu kredit?]

en efectivo | con tarjeta

Tunai | dengan kartu kredit
[tunaj | deŋan kartu kredit]

¿Quiere el recibo?

Apakah Anda ingin tanda terimanya?
[apakah anda iŋin tanda terimanja?]

Sí, por favor.

Ya.
[ja]

No, gracias.

Tidak, tidak usah.
[tidaʔ, tidaʔ usah]

Gracias. ¡Que tenga un buen día!

Terima kasih. Semoga hari Anda menyenangkan!
[terima kasih. semoga hari anda menjenaŋkan!]

En la ciudad

Perdone, por favor.	**Permisi, ...** [permisi, ...]
Busco ...	**Saya sedang mencari ...** [saja sedaŋ mentʃari ...]
el metro	**stasiun bawah tanah** [stasiun bawah tanah]
mi hotel	**hotel saya** [hotel saja]
el cine	**bioskop** [bioskop]
una parada de taxis	**pangkalan taksi** [paŋkalan taksi]
un cajero automático	**ATM** [a-te-em]
una oficina de cambio	**tempat penukaran mata uang** [tempat penukaran mata uaŋ]
un cibercafé	**warnet** [warnet]
la calle ...	**Jalan ...** [dʒialan ...]
este lugar	**tempat ini** [tempat ini]
¿Sabe usted dónde está ...?	**Apakah Anda tahu lokasi ...?** [apakah anda tahu lokasi ...?]
¿Cómo se llama esta calle?	**Jalan apakah ini?** [dʒialan apakah ini?]
Muestreme dónde estamos ahora.	**Tunjukkan di mana lokasi kita sekarang.** [tundʒiuʔkan di mana lokasi kita sekaraŋ]
¿Puedo llegar a pie?	**Bisakah saya berjalan kaki ke sana?** [bisakah saja berdʒialan kaki ke sana?]
¿Tiene un mapa de la ciudad?	**Apa Anda punya peta kota?** [apa anda punja peta kota?]
¿Cuánto cuesta la entrada?	**Berapa harga tiket masuk?** [berapa harga tiket masuʔ?]
¿Se pueden hacer fotos aquí?	**Bisakah saya berfoto di sini?** [bisakah saja berfoto di sini?]
¿Está abierto?	**Apakah Anda buka?** [apakah anda buka?]

¿A qué hora abren? **Kapan Anda buka?**
[kapan anda buka?]

¿A qué hora cierran? **Kapan Anda tutup?**
[kapan anda tutup?]

Dinero

dinero	**uang** [uaŋ]
efectivo	**tunai** [tunaj]
billetes	**uang kertas** [uaŋ kertas]
monedas	**uang receh** [uaŋ retʃeh]
la cuenta | el cambio | la propina	**tagihan | kembalian | tip** [tagihan | kembalian | tip]
la tarjeta de crédito	**kartu kredit** [kartu kredit]
la cartera	**dompet** [dompet]
comprar	**membeli** [membeli]
pagar	**membayar** [membajar]
la multa	**denda** [denda]
gratis	**gratis** [gratis]
¿Dónde puedo comprar ...?	**Di mana saya bisa membeli ...?** [di mana saja bisa membeli ...?]
¿Está el banco abierto ahora?	**Apakah bank buka sekarang?** [apakah ban' buka sekaraŋ?]
¿A qué hora abre?	**Kapan bank buka?** [kapan bank buka?]
¿A qué hora cierra?	**Kapan bank tutup?** [kapan bank tutup?]
¿Cuánto cuesta?	**Berapa harganya?** [berapa harganja?]
¿Cuánto cuesta esto?	**Berapa harganya?** [berapa harganja?]
Es muy caro.	**Itu terlalu mahal.** [itu terlalu mahal]
Perdone, ¿dónde está la caja?	**Permisi, di mana saya harus membayar?** [permisi, di mana saja harus membajar?]

La cuenta, por favor.

Tolong tagihannya.
[toloŋ tagihannja]

¿Puedo pagar con tarjeta?

Bisakah saya membayar dengan kartu kredit?
[bisakah saja membajar deŋan kartu kredit?]

¿Hay un cajero por aquí?

Adakah ATM di sini?
[adakah a-te-em di sini?]

Busco un cajero automático.

Saya sedang mencari ATM.
[saja sedaŋ menʧari a-te-em]

Busco una oficina de cambio.

Saya sedang mencari tempat penukaran mata uang.
[saja sedaŋ menʧari tempat penukaran mata uaŋ]

Quisiera cambiar …

Saya ingin menukarkan ...
[saja iŋin menukarkan ...]

¿Cuál es el tipo de cambio?

Berapakah nilai tukarnya?
[berapakah nilaj tukarnja?]

¿Necesita mi pasaporte?

Apa Anda butuh paspor saya?
[apa anda butuh paspor saja?]

Tiempo

¿Qué hora es?	**Jam berapa sekarang?** [dʒʲam berapa sekaraŋ?]
¿Cuándo?	**Kapan?** [kapan?]
¿A qué hora?	**Jam berapa?** [dʒʲam berapa?]
ahora | luego | después de …	**sekarang | nanti | setelah …** [sekaraŋ | nanti | setelah …]
la una	**pukul satu** [pukul satu]
la una y cuarto	**pukul satu lewat lima belas** [pukul satu lewat lima belas]
la una y medio	**pukul satu lewat tiga puluh** [pukul satu lewat tiga puluh]
las dos menos cuarto	**pukul satu lewat empat puluh lima** [pukul satu lewat empat puluh lima]
una | dos | tres	**satu | dua | tiga** [satu | dua | tiga]
cuatro | cinco | seis	**empat | lima | enam** [empat | lima | enam]
siete | ocho | nueve	**tujuh | delapan | sembilan** [tudʒʲuh | delapan | sembilan]
diez | once | doce	**sepuluh | sebelas | dua belas** [sepuluh | sebelas | dua belas]
en …	**dalam …** [dalam …]
cinco minutos	**lima menit** [lima menit]
diez minutos	**sepuluh menit** [sepuluh menit]
quince minutos	**lima belas menit** [lima belas menit]
veinte minutos	**dua puluh menit** [dua puluh menit]
media hora	**setengah jam** [seteŋah dʒʲam]
una hora	**satu jam** [satu dʒʲam]
por la mañana	**pagi** [pagi]

por la mañana temprano	**pagi-pagi sekali** [pagi-pagi sekali]
esta mañana	**pagi ini** [pagi ini]
mañana por la mañana	**besok pagi** [beso' pagi]

al mediodía	**tengah hari** [teŋah hari]
por la tarde	**siang** [siaŋ]
por la noche	**malam** [malam]
esta noche	**malam ini** [malam ini]

por la noche	**pada malam hari** [pada malam hari]
ayer	**kemarin** [kemarin]
hoy	**hari ini** [hari ini]
mañana	**besok** [beso']
pasado mañana	**lusa** [lusa]

¿Qué día es hoy?	**Hari apa sekarang?** [hari apa sekaraŋ?]
Es ...	**Sekarang ...** [sekaraŋ ...]
lunes	**Hari Senin** [hari senin]
martes	**Hari Selasa** [hari selasa]
miércoles	**Hari Rabu** [hari rabu]

jueves	**Hari Kamis** [hari kamis]
viernes	**Hari Jumat** [hari dʒ'umat]
sábado	**Hari Sabtu** [hari sabtu]
domingo	**Hari Minggu** [hari miŋgu]

Saludos. Presentaciones.

Hola.	**Halo.** [halo]
Encantado /Encantada/ de conocerle.	**Senang dapat berjumpa dengan Anda.** [senaŋ dapat berdʒumpa deŋan anda]
Yo también.	**Sama-sama.** [sama-sama]
Le presento a …	**Kenalkan, …** [kenalkan, …]
Encantado.	**Senang dapat berjumpa dengan Anda.** [senaŋ dapat berdʒumpa deŋan anda]

¿Cómo está?	**Apa kabar?** [apa kabar?]
Me llamo …	**Nama saya …** [nama saja …]
Se llama …	**Namanya …** [namanja …]
Se llama …	**Namanya …** [namanja …]
¿Cómo se llama (usted)?	**Siapa nama Anda?** [siapa nama anda?]
¿Cómo se llama (él)?	**Siapa namanya?** [siapa namanja?]
¿Cómo se llama (ella)?	**Siapa namanya?** [siapa namanja?]

¿Cuál es su apellido?	**Siapa nama belakang Anda?** [siapa nama belakaŋ anda?]
Puede llamarme …	**Panggil saya …** [paŋgil saja …]
¿De dónde es usted?	**Dari mana asal Anda?** [dari mana asal anda?]
Yo soy de ….	**Saya dari …** [saja dari …]
¿A qué se dedica?	**Apa pekerjaan Anda?** [apa pekerdʒa'an anda?]
¿Quién es?	**Siapa ini?** [siapa ini?]
¿Quién es él?	**Siapa dia?** [siapa dia?]
¿Quién es ella?	**Siapa dia?** [siapa dia?]
¿Quiénes son?	**Siapa mereka?** [siapa mereka?]

Este es ...

Ini ...
[ini ...]

mi amigo

teman saya
[teman saja]

mi amiga

teman saya
[teman saja]

mi marido

suami saya
[suami saja]

mi mujer

istri saya
[istri saja]

mi padre

ayah saya
[ajah saja]

mi madre

ibu saya
[ibu saja]

mi hermano

saudara laki-laki saya
[saudara laki-laki saja]

mi hermana

saudara perempuan saya
[saudara perempuan saja]

mi hijo

anak laki-laki saya
[ana' laki-laki saja]

mi hija

anak perempuan saya
[ana' perempuan saja]

Este es nuestro hijo.

Ini anak laki-laki kami.
[ini ana' laki-laki kami]

Esta es nuestra hija.

Ini anak perempuan kami.
[ini ana' perempuan kami]

Estos son mis hijos.

Ini anak-anak saya.
[ini ana'-ana' saja]

Estos son nuestros hijos.

Ini anak-anak kami.
[ini ana'-ana' kami]

Despedidas

¡Adiós!	**Selamat tinggal!** [selamat tiŋgal!]
¡Chau!	**Dadah!** [dadah!]
Hasta mañana.	**Sampai bertemu besok.** [sampaj bertemu beso?]
Hasta pronto.	**Sampai jumpa.** [sampaj dʒ'umpa]
Te veo a las siete.	**Sampai jumpa pukul tujuh.** [sampaj dʒ'umpa pukul tudʒ'uh]
¡Que se diviertan!	**Selamat bersenang-senang!** [selamat bersenaŋ-senaŋ!]
Hablamos más tarde.	**Kita mengobrol lagi nanti.** [kita meŋobrol lagi nanti]
Que tengas un buen fin de semana.	**Selamat berakhir pekan.** [selamat berahir pekan]
Buenas noches.	**Selamat malam.** [selamat malam]
Es hora de irme.	**Sudah waktunya saya pamit.** [sudah waktunja saja pamit]
Tengo que irme.	**Saya harus pergi.** [saja harus pergi]
Ahora vuelvo.	**Saya akan segera kembali.** [saja akan segera kembali]
Es tarde.	**Sudah larut.** [sudah larut]
Tengo que levantarme temprano.	**Saya harus bangun pagi.** [saja harus baŋun pagi]
Me voy mañana.	**Saya pergi besok.** [saja pergi beso?]
Nos vamos mañana.	**Kami pergi besok.** [kami pergi beso?]
¡Que tenga un buen viaje!	**Semoga perjalanan Anda menyenangkan!** [semoga perdʒ'alanan anda menjenaŋkan!]
Ha sido un placer.	**Senang dapat berjumpa dengan Anda.** [senaŋ dapat berdʒ'umpa deŋan anda]

Fue un placer hablar con usted.	**Senang dapat berbincang dengan Anda.** [senaŋ dapat berbintʃaŋ deŋan anda]
Gracias por todo.	**Terima kasih atas segalanya.** [terima kasih atas segalanja]

Lo he pasado muy bien.	**Saya senang sekali hari ini.** [saja senaŋ sekali hari ini]
Lo pasamos muy bien.	**Kami senang sekali hari ini.** [kami senaŋ sekali hari ini]
Fue genial.	**Hari yang luar biasa.** [hari jaŋ luar biasa]
Le voy a echar de menos.	**Saya akan merindukan Anda.** [saja akan merindukan anda]
Le vamos a echar de menos.	**Kami akan merindukan Anda.** [kami akan merindukan anda]

¡Suerte!	**Semoga berhasil!** [semoga berhasil!]
Saludos a …	**Sampaikan salam saya untuk ...** [sampajkan salam saja untuʔ ...]

Idioma extranjero

No entiendo.	**Saya tidak mengerti.** [saja tida' meŋerti]
Escríbalo, por favor.	**Tolong tuliskan.** [toloŋ tuliskan]
¿Habla usted ...?	**Apa Anda bisa berbahasa ...?** [apa anda bisa berbahasa ...?]
Hablo un poco de ...	**Saya bisa sedikit berbahasa ...** [saja bisa sedikit berbahasa ...]
inglés	**Inggris** [iŋgris]
turco	**Turki** [turki]
árabe	**Arab** [arab]
francés	**Perancis** [perantʃis]
alemán	**Jerman** [dʒ'erman]
italiano	**Italia** [italia]
español	**Spanyol** [spanjol]
portugués	**Portugis** [portugis]
chino	**Mandarin** [mandarin]
japonés	**Jepang** [dʒ'epaŋ]
¿Puede repetirlo, por favor?	**Bisakah Anda mengulanginya?** [bisakah anda meŋulaŋinja?]
Lo entiendo.	**Saya mengerti.** [saja meŋerti]
No entiendo.	**Saya tidak mengerti.** [saja tida' meŋerti]
Hable más despacio, por favor.	**Tolong berbicara lebih lambat.** [toloŋ berbitʃara lebih lambat]
¿Está bien?	**Apakah itu benar?** [apakah itu benar?]
¿Qué es esto? (¿Que significa esto?)	**Apa ini? (Apa artinya ini?)** [apa ini? (apa artinja ini?)]

Disculpas

Perdone, por favor.	**Permisi.** [permisi]
Lo siento.	**Maaf.** [ma'af]
Lo siento mucho.	**Saya benar-benar minta maaf.** [saja benar-benar minta ma'af]
Perdón, fue culpa mía.	**Maaf, itu kesalahan saya.** [ma'af, itu kesalahan saja]
Culpa mía.	**Saya yang salah.** [saja jaŋ salah]
¿Puedo ...?	**Boleh saya ...?** [boleh saja ...?]
¿Le molesta si ...?	**Apakah Anda keberatan jika saya ...?** [apakah anda keberatan dʒika saja ...?]
¡No hay problema! (No pasa nada.)	**Tidak apa-apa.** [tida' apa-apa]
Todo está bien.	**Tidak apa-apa.** [tida' apa-apa]
No se preocupe.	**Jangan khawatir.** [dʒˈaŋan hawatir]

Acuerdos

Sí. | **Ya.**
[ja]

Sí, claro. | **Ya, tentu saja.**
[ja, tentu sadʒˈa]

Bien. | **Bagus!**
[bagus!]

Muy bien. | **Baiklah.**
[baiklah]

¡Claro que sí! | **Tentu saja.**
[tentu sadʒˈa]

Estoy de acuerdo. | **Saya setuju.**
[saja setudʒˈu]

Es verdad. | **Betul.**
[betul]

Es correcto. | **Benar.**
[benar]

Tiene razón. | **Anda benar.**
[anda benar]

No me molesta. | **Saya tidak keberatan.**
[saja tidak keberatan]

Es completamente cierto. | **Benar sekali.**
[benar sekali]

Es posible. | **Mungkin saja.**
[muŋkin sadʒˈa]

Es una buena idea. | **Ide bagus.**
[ide bagus]

No puedo decir que no. | **Saya tidak bisa menolaknya.**
[saja tida' bisa menolaknja]

Estaré encantado /encantada/. | **Dengan senang hati.**
[deŋan senaŋ hati]

Será un placer. | **Dengan senang hati.**
[deŋan senaŋ hati]

Rechazo. Expresar duda

No.	**Tidak.** [tida']
Claro que no.	**Tentu saja tidak.** [tentu sadʒʲa tida']
No estoy de acuerdo.	**Saya tidak setuju.** [saja tida' setudʒʲu]
No lo creo.	**Saya rasa tidak begitu.** [saja rasa tida' begitu]
No es verdad.	**Tidak benar.** [tida' benar]

No tiene razón.	**Anda keliru.** [anda keliru]
Creo que no tiene razón.	**Saya rasa Anda keliru.** [saja rasa anda keliru]
No estoy seguro /segura/.	**Saya kurang yakin.** [saja kuraŋ jakin]
No es posible.	**Tidak mungkin.** [tida' muŋkin]
¡Nada de eso!	**Itu mengada-ada!** [itu meŋada-ada!]

Justo lo contrario.	**Justru kebalikannya.** [dʒʲustru kebalikannja]
Estoy en contra de ello.	**Saya menentangnya.** [saja menentaŋnja]
No me importa. (Me da igual.)	**Saya tidak peduli.** [saja tida' peduli]
No tengo ni idea.	**Saya tidak tahu.** [saja tida' tahu]
Dudo que sea así.	**Saya meragukannya.** [saja meragukannja]

Lo siento, no puedo.	**Maaf, saya tidak bisa.** [ma'af, saja tida' bisa]
Lo siento, no quiero.	**Maaf, saya tidak mau.** [ma'af, saja tida' mau]
Gracias, pero no lo necesito.	**Maaf, saya tidak membutuhkannya.** [ma'af, saja tida' membutuhkannja]
Ya es tarde.	**Sudah semakin larut.** [sudah semakin larut]

Tengo que levantarme temprano.

Saya harus bangun pagi.
[saja harus baŋun pagi]

Me encuentro mal.

Saya tidak enak badan.
[saja tida' enak badan]

Expresar gratitud

Gracias.	**Terima kasih.** [terima kasih]
Muchas gracias.	**Terima kasih banyak.** [terima kasih banja?]
De verdad lo aprecio.	**Saya sangat menghargainya.** [saja saŋat meŋhargainja]
Se lo agradezco.	**Saya sangat berterima kasih** **kepada Anda.** [saja saŋat berterima kasih kepada anda]
Se lo agradecemos.	**Kami sangat berterima kasih** **kepada Anda.** [kami saŋat berterima kasih kepada anda]
Gracias por su tiempo.	**Terima kasih atas waktu Anda.** [terima kasih atas waktu anda]
Gracias por todo.	**Terima kasih atas segalanya.** [terima kasih atas segalanja]
Gracias por …	**Terima kasih atas ...** [terima kasih atas ...]
su ayuda	**bantuan Anda** [bantuan anda]
tan agradable momento	**saat yang menyenangkan ini** [sa?at jaŋ menjenaŋkan ini]
una comida estupenda	**hidangan yang luar biasa ini** [hidaŋan jaŋ luar biasa ini]
una velada tan agradable	**malam yang menyenangkan ini** [malam jaŋ menjenaŋkan ini]
un día maravilloso	**hari yang luar biasa ini** [hari jaŋ luar biasa ini]
un viaje increíble	**perjalanan yang menakjubkan ini** [perdʒ'alanan jaŋ menakdʒ'ubkan ini]
No hay de qué.	**Jangan sungkan.** [dʒ'aŋan suŋkan]
De nada.	**Terima kasih kembali.** [terima kasih kembali]
Siempre a su disposición.	**Sama-sama.** [sama-sama]
Encantado /Encantada/ de ayudarle.	**Dengan senang hati.** [deŋan senaŋ hati]

No hay de qué.   **Jangan sungkan.**
                                  [dʒʲaŋan suŋkan]

No tiene importancia.   **Jangan khawatir.**
                                  [dʒʲaŋan hawatir]

Felicitaciones , Mejores Deseos

¡Felicidades! **Selamat!**
[selamat!]

¡Feliz Cumpleaños! **Selamat ulang tahun!**
[selamat ulaŋ tahun!]

¡Feliz Navidad! **Selamat Natal!**
[selamat natal!]

¡Feliz Año Nuevo! **Selamat Tahun Baru!**
[selamat tahun baru!]

¡Felices Pascuas! **Selamat Paskah!**
[selamat paskah!]

¡Feliz Hanukkah! **Selamat Hanukkah!**
[selamat hanuʔkah!]

Quiero brindar. **Saya ingin bersulang.**
[saja iŋin bersulaŋ]

¡Salud! **Bersulang!**
[bersulaŋ!]

¡Brindemos por …! **Mari bersulang demi ...!**
[mari bersulaŋ demi ...!]

¡A nuestro éxito! **Demi keberhasilan kita!**
[demi keberhasilan kita!]

¡A su éxito! **Demi keberhasilan Anda!**
[demi keberhasilan anda!]

¡Suerte! **Semoga berhasil!**
[semoga berhasil!]

¡Que tenga un buen día! **Semoga hari Anda menyenangkan!**
[semoga hari anda menjenaŋkan!]

¡Que tenga unas buenas vacaciones! **Selamat berlibur!**
[selamat berlibur!]

¡Que tenga un buen viaje! **Semoga perjalanan Anda menyenangkan!**
[semoga perdʒʲalanan anda menjenaŋkan!]

¡Espero que se recupere pronto! **Semoga cepat sembuh!**
[semoga tʃepat sembuh!]

Socializarse

¿Por qué está triste?	**Mengapa Anda sedih?** [meŋapa anda sedih?]
¡Sonría! ¡Animese!	**Tersenyumlah! Bersemangatlah!** [tersenjumlah! bersemaŋatlah!]
¿Está libre esta noche?	**Apa Anda punya waktu malam ini?** [apa anda punja waktu malam ini?]
¿Puedo ofrecerle algo de beber?	**Boleh saya ambilkan Anda minuman?** [boleh saja ambilkan anda minuman?]
¿Querría bailar conmigo?	**Maukah Anda berdansa?** [maukah anda berdansa?]
Vamos a ir al cine.	**Mari kita ke bioskop.** [mari kita ke bioskop]
¿Puedo invitarle a ...?	**Boleh saya ajak Anda ke ...?** [boleh saja adʒʲaʼ anda ke ...?]
un restaurante	**restoran** [restoran]
el cine	**bioskop** [bioskop]
el teatro	**teater** [teater]
dar una vuelta	**jalan-jalan** [dʒʲalan-dʒʲalan]
¿A qué hora?	**Jam berapa?** [dʒʲam berapa?]
esta noche	**malam ini** [malam ini]
a las seis	**pada pukul enam** [pada pukul enam]
a las siete	**pada pukul tujuh** [pada pukul tudʒʲuh]
a las ocho	**pada pukul delapan** [pada pukul delapan]
a las nueve	**pada pukul sembilan** [pada pukul sembilan]
¿Le gusta este lugar?	**Apa Anda suka di sini?** [apa anda suka di sini?]
¿Está aquí con alguien?	**Apa Anda di sini bersama orang lain?** [apa anda di sini bersama oraŋ lain?]
Estoy con mi amigo /amiga/.	**Saya bersama teman saya.** [saja bersama teman saja]

Estoy con amigos.	**Saya bersama teman-teman saya.** [saja bersama teman-teman saja]
No, estoy solo /sola/.	**Tidak, saya sendirian.** [tida', saja sendirian]

¿Tienes novio?	**Kamu punya pacar?** [kamu punja patʃar?]
Tengo novio.	**Aku punya pacar.** [aku punja patʃar]
¿Tienes novia?	**Kamu punya pacar?** [kamu punja patʃar?]
Tengo novia.	**Aku punya pacar.** [aku punja patʃar]

¿Te puedo volver a ver?	**Bolehkah aku menemuimu lagi?** [bolehkah aku menemuimu lagi?]
¿Te puedo llamar?	**Bolehkah aku meneleponmu?** [bolehkah aku meneleponmu?]
Llámame.	**Telepon aku.** [telepon aku]
¿Cuál es tu número?	**Berapa nomor teleponmu?** [berapa nomor teleponmu?]
Te echo de menos.	**Aku merindukanmu.** [aku merindukanmu]

¡Qué nombre tan bonito!	**Nama Anda bagus.** [nama anda bagus]
Te quiero.	**Aku mencintaimu.** [aku mentʃintajmu]
¿Te casarías conmigo?	**Maukah kau menikah denganku?** [maukah kau menikah deŋanku?]
¡Está de broma!	**Anda bercanda!** [anda bertʃanda!]
Sólo estoy bromeando.	**Saya hanya bercanda.** [saja hanja bertʃanda]

¿En serio?	**Apa Anda serius?** [apa anda serius?]
Lo digo en serio.	**Saya serius.** [saja serius]
¿De verdad?	**Sungguh?!** [suŋguh?!]
¡Es increíble!	**Tak bisa dipercaya!** [tak bisa dipertʃaja!]
No le creo.	**Saya tidak percaya.** [saja tida' pertʃaja]
No puedo.	**Saya tidak bisa.** [saja tida' bisa]
No lo sé.	**Saya tidak tahu.** [saja tida' tahu]
No le entiendo.	**Saya tidak mengerti sikap Anda.** [saja tida' meŋerti sikap anda]

Váyase, por favor.	**Silakan pergi saja.** [silakan pergi sadʒ'a]
¡Déjeme en paz!	**Tinggalkan saya sendiri!** [tiŋgalkan saja sendiri!]

Es inaguantable.	**Saya tidak tahan dengannya.** [saja tida' tahan deŋannja]
¡Es un asqueroso!	**Anda menjijikkan!** [anda mendʒidʒi'kan!]
¡Llamaré a la policía!	**Saya akan telepon polisi!** [saja akan telepon polisi!]

Compartir impresiones. Emociones

Me gusta.	**Saya menyukainya.** [saja menjukainja]
Muy lindo.	**Bagus sekali.** [bagus sekali]
¡Es genial!	**Hebat!** [hebat!]
No está mal.	**Lumayan.** [lumajan]
No me gusta.	**Saya tidak menyukainya.** [saja tida' menjukainja]
No está bien.	**Tidak bagus.** [tida' bagus]
Está mal.	**Jelek.** [dʒ'ele']
Está muy mal.	**Jelek sekali.** [dʒ'ele' sekali]
¡Qué asco!	**Menjijikkan.** [mendʒidʒi'kan]
Estoy feliz.	**Saya senang.** [saja senaŋ]
Estoy contento /contenta/.	**Saya puas.** [saja puas]
Estoy enamorado /enamorada/.	**Saya sedang jatuh cinta.** [saja sedaŋ dʒ'atuh tʃinta]
Estoy tranquilo.	**Saya tenang.** [saja tenaŋ]
Estoy aburrido.	**Saya bosan.** [saja bosan]
Estoy cansado /cansada/.	**Saya lelah.** [saja lelah]
Estoy triste.	**Saya sedih.** [saja sedih]
Estoy asustado.	**Saya takut.** [saja takut]
Estoy enfadado /enfadada/.	**Saya marah.** [saja marah]
Estoy preocupado /preocupada/.	**Saya khawatir.** [saja hawatir]
Estoy nervioso /nerviosa/.	**Saya gugup.** [saja gugup]

Estoy celoso /celosa/.   **Saya cemburu.**
[saja t͡ʃemburu]

Estoy sorprendido /sorprendida/.   **Saya terkejut.**
[saja terked͡ʒut]

Estoy perplejo /perpleja/.   **Saya bingung.**
[saja biŋuŋ]

Problemas, Accidentes

Tengo un problema.	**Saya sedang kesulitan.** [saja sedaŋ kesulitan]
Tenemos un problema.	**Kami sedang kesulitan.** [kami sedaŋ kesulitan]
Estoy perdido /perdida/.	**Saya tersesat.** [saja tersesat]
Perdi el último autobús (tren).	**Saya tertinggal bus (kereta) terakhir.** [saja tertiŋgal bus (kereta) terahir]
No me queda más dinero.	**Saya tidak punya uang lagi.** [saja tidak punja uaŋ lagi]

He perdido ...	**... saya hilang.** [... saja hilaŋ]
Me han robado ...	**... saya kecurian.** [... saja ketʃurian]
mi pasaporte	**paspor** [paspor]
mi cartera	**dompet** [dompet]
mis papeles	**dokumen** [dokumen]
mi billete	**tiket** [tiket]

mi dinero	**uang** [uaŋ]
mi bolso	**tas** [tas]
mi cámara	**kamera** [kamera]
mi portátil	**laptop** [laptop]
mi tableta	**komputer tablet** [komputer tablet]
mi teléfono	**ponsel** [ponsel]

¡Ayúdeme!	**Tolong!** [toloŋ!]
¿Qué pasó?	**Ada apa?** [ada apa?]
el incendio	**kebakaran** [kebakaran]

un tiroteo	**penembakan** [penembakan]
el asesinato	**pembunuhan** [pembunuhan]
una explosión	**ledakan** [ledakan]
una pelea	**perkelahian** [perkelahian]

¡Llame a la policía!	**Telepon polisi!** [telepon polisi!]
¡Más rápido, por favor!	**Cepat!** [tʃepat!]
Busco la comisaría.	**Saya sedang mencari kantor polisi.** [saja sedaŋ mentʃari kantor polisi]
Tengo que hacer una llamada.	**Saya perlu menelepon.** [saja perlu menelepon]
¿Puedo usar su teléfono?	**Bolehkah saya meminjam telepon Anda?** [bolehkah saja memindʒam telepon anda?]

Me han …	**Saya telah ...** [saja telah …]
asaltado /asaltada/	**ditodong** [ditodoŋ]
robado /robada/	**dirampok** [dirampoʔ]
violada	**diperkosa** [diperkosa]
atacado /atacada/	**diserang** [diseraŋ]

¿Se encuentra bien?	**Anda tidak apa-apa?** [anda tidaʔ apa-apa?]
¿Ha visto quien a sido?	**Apa Anda melihat pelakunya?** [apa anda melihat pelakunja?]
¿Sería capaz de reconocer a la persona?	**Bisakah Anda mengenali pelakunya?** [bisakah anda meŋenali pelakunja?]
¿Está usted seguro?	**Anda yakin?** [anda jakin?]

Por favor, cálmese.	**Tenanglah dulu.** [tenaŋlah dulu]
¡Cálmese!	**Tenangkan diri Anda!** [tenaŋkan diri anda!]
¡No se preocupe!	**Jangan khawatir!** [dʒaŋan hawatir!]
Todo irá bien.	**Semuanya akan baik-baik saja.** [semuanja akan baiʔ-baiʔ sadʒa]
Todo está bien.	**Semuanya baik-baik saja.** [semuanja baiʔ-baiʔ sadʒa]

Venga aquí, por favor.

Kemarilah.
[kemarilah]

Tengo unas preguntas para usted.

**Saya ingin menanyakan beberapa
pertanyaan.**
[saja iŋin menanjakan beberapa
pertanja'an]

Espere un momento, por favor.

Tunggulah sebentar.
[tuŋgulah sebentar]

¿Tiene un documento de identidad?

Apa Anda punya kartu pengenal?
[apa anda punja kartu peŋenal?]

Gracias. Puede irse ahora.

**Terima kasih. Anda boleh
pergi sekarang.**
[terima kasih. anda boleh
pergi sekaraŋ]

¡Manos detrás de la cabeza!

Tangan di belakang kepala!
[taŋan di belakaŋ kepala!]

¡Está arrestado!

Anda ditangkap!
[anda ditaŋkap!]

Problemas de salud

Ayudeme, por favor.

Tolong bantu saya.
[toloŋ bantu saja]

No me encuentro bien.

Saya tidak enak badan.
[saja tida' ena' badan]

Mi marido no se encuentra bien.

Suami saya tidak enak badan.
[suami saja tida' ena' badan]

Mi hijo …

Anak laki-laki saya ...
[ana' laki-laki saja ...]

Mi padre …

Ayah saya ...
[ajah saja ...]

Mi mujer no se encuentra bien.

Istri saya tidak enak badan.
[istri saja tida' ena' badan]

Mi hija …

Anak perempuan saya ...
[ana' perempuan saja ...]

Mi madre …

Ibu saya ...
[ibu saja ...]

Me duele …

Saya ...
[saja ...]

la cabeza

sakit kepala
[sakit kepala]

la garganta

sakit tenggorokan
[sakit teŋgorokan]

el estómago

sakit perut
[sakit perut]

un diente

sakit gigi
[sakit gigi]

Estoy mareado.

Saya merasa pusing.
[saja merasa pusiŋ]

Él tiene fiebre.

Dia demam.
[dia demam]

Ella tiene fiebre.

Dia demam.
[dia demam]

No puedo respirar.

Saya tak dapat bernapas.
[saja ta' dapat bernapas]

Me ahogo.

Saya sesak napas.
[saja sesa' napas]

Tengo asma.

Saya menderita asma.
[saja menderita asma]

Tengo diabetes.

Saya menderita diabetes.
[saja menderita diabetes]

No puedo dormir.

Saya susah tidur.
[saja susah tidur]

intoxicación alimentaria

keracunan makanan
[keratʃunan makanan]

Me duele aquí.

Sakitnya di sini.
[sakitnja di sini]

¡Ayúdeme!

Tolong!
[toloŋ!]

¡Estoy aquí!

Saya di sini!
[saja di sini!]

¡Estamos aquí!

Kami di sini!
[kami di sini!]

¡Saquenme de aquí!

Keluarkan saya dari sini!
[keluarkan saja dari sini!]

Necesito un médico.

Saya perlu dokter.
[saja perlu dokter]

No me puedo mover.

Saya tak dapat bergerak.
[saja ta' dapat bergera']

No puedo mover mis piernas.

Kaki saya tak dapat digerakkan.
[kaki saja ta' dapat digera'kan]

Tengo una herida.

Saya terluka.
[saja terluka]

¿Es grave?

Apakah serius?
[apakah serius?]

Mis documentos están en mi bolsillo.

Dokumen saya ada di saku.
[dokumen saja ada di saku]

¡Cálmese!

Tenanglah dulu!
[tenaŋlah dulu!]

¿Puedo usar su teléfono?

Bolehkah saya meminjam telepon Anda?
[bolehkah saja memindʒam telepon anda?]

¡Llame a una ambulancia!

Panggil ambulans!
[paŋgil ambulans!]

¡Es urgente!

Ini mendesak!
[ini mendesa'!]

¡Es una emergencia!

Ini darurat!
[ini darurat!]

¡Más rápido, por favor!

Cepat!
[tʃepat!]

¿Puede llamar a un médico, por favor?

Maukah Anda memanggilkan dokter?
[maukah anda memaŋgilkan dokter?]

¿Dónde está el hospital?

Di mana rumah sakitnya?
[di mana rumah sakitnja?]

¿Cómo se siente?

Bagaimana perasaan Anda?
[bagajmana perasa'an anda?]

¿Se encuentra bien?

Anda tidak apa-apa?
[anda tida' apa-apa?]

¿Qué pasó?

Ada apa?
[ada apa?]

Me encuentro mejor.

Saya merasa baikan sekarang.
[saja merasa baikan sekaraŋ]

Está bien.

Tidak apa-apa.
[tida' apa-apa]

Todo está bien.

Tidak apa-apa.
[tida' apa-apa]

En la farmacia

la farmacia	**apotek** [apote⁷]
la farmacia 24 horas	**apotek 24 jam** [apote' dua puluh empat dʒ'am]
¿Dónde está la farmacia más cercana?	**Di mana apotek terdekat?** [di mana apote' terdekat?]
¿Está abierta ahora?	**Apa buka sekarang?** [apa buka sekaraŋ?]
¿A qué hora abre?	**Pukup berapa buka?** [pukup berapa buka?]
¿A qué hora cierra?	**Pukul berapa tutup?** [pukul berapa tutup?]
¿Está lejos?	**Apakah tempatnya jauh?** [apakah tempatnja dʒ'auh?]
¿Puedo llegar a pie?	**Bisakah saya berjalan kaki ke sana?** [bisakah saja berdʒ'alan kaki ke sana?]
¿Puede mostrarme en el mapa?	**Bisakah Anda tunjukkan di peta?** [bisakah anda tundʒ'u'kan di peta?]
Por favor, deme algo para …	**Berikan saya obat untuk …** [berikan saja obat untu' …]
un dolor de cabeza	**sakit kepala** [sakit kepala]
la tos	**batuk** [batu']
el resfriado	**masuk angin** [masu' aŋin]
la gripe	**flu** [flu]
la fiebre	**demam** [demam]
un dolor de estomago	**sakit perut** [sakit perut]
nauseas	**mual** [mual]
la diarrea	**diare** [diare]
el estreñimiento	**sembelit** [sembelit]
un dolor de espalda	**nyeri punggung** [njeri puŋguŋ]

un dolor de pecho	**nyeri dada** [njeri dada]
el flato	**kram perut** [kram perut]
un dolor abdominal	**nyeri perut** [njeri perut]
la píldora	**pil** [pil]
la crema	**salep, krim** [salep, krim]
el jarabe	**sirop** [sirop]
el spray	**semprot** [semprot]
las gotas	**tetes** [tetes]
Tiene que ir al hospital.	**Anda perlu ke rumah sakit.** [anda perlu ke rumah sakit]
el seguro de salud	**asuransi kesehatan** [asuransi kesehatan]
la receta	**resep** [resep]
el repelente de insectos	**obat antinyamuk** [obat antinjamu']
la curita	**plester pembalut** [plester pembalut]

Lo más imprescindible

Perdone, ...	**Permisi, ...** [permisi, ...]
Hola.	**Halo.** [halo]
Gracias.	**Terima kasih.** [terima kasih]

Sí.	**Ya.** [ja]
No.	**Tidak.** [tida']
No lo sé.	**Saya tidak tahu.** [saja tida' tahu]
¿Dónde? | ¿A dónde? | ¿Cuándo?	**Di mana? | Ke mana? | Kapan?** [di mana? | ke mana? | kapan?]

Necesito ...	**Saya perlu ...** [saja perlu ...]
Quiero ...	**Saya ingin ...** [saja iŋin ...]
¿Tiene ...?	**Apa Anda punya ...?** [apa anda punja ...?]
¿Hay ... por aquí?	**Apa ada ... di sini?** [apa ada ... di sini?]
¿Puedo ...?	**Boleh saya ...?** [boleh saja ...?]
..., por favor? (petición educada)	**Tolong, ...** [toloŋ, ...]

Busco ...	**Saya sedang mencari ...** [saja sedaŋ mentʃari ...]
el servicio	**kamar kecil** [kamar ketʃil]
un cajero automático	**ATM** [a-te-em]
una farmacia	**apotek** [apote']
el hospital	**rumah sakit** [rumah sakit]

la comisaría	**kantor polisi** [kantor polisi]
el metro	**stasiun bawah tanah** [stasiun bawah tanah]

un taxi	**taksi** [taksi]
la estación de tren	**stasiun kereta api** [stasiun kereta api]

Me llamo …	**Nama saya ...** [nama saja ...]
¿Cómo se llama?	**Siapa nama Anda?** [siapa nama anda?]
¿Puede ayudarme, por favor?	**Bisakah Anda menolong saya?** [bisakah anda menoloŋ saja?]
Tengo un problema.	**Saya sedang kesulitan.** [saja sedaŋ kesulitan]
Me encuentro mal.	**Saya tidak enak badan.** [saja tida' enak badan]
¡Llame a una ambulancia!	**Panggil ambulans!** [paŋgil ambulans!]
¿Puedo llamar, por favor?	**Boleh saya menelepon?** [boleh saja menelepon?]

Lo siento.	**Maaf.** [ma'af]
De nada.	**Terima kasih kembali.** [terima kasih kembali]

Yo	**Saya, aku** [saja, aku]
tú	**kamu, kau** [kamu, kau]
él	**dia, ia** [dia, ia]
ella	**dia, ia** [dia, ia]
ellos	**mereka** [mereka]
ellas	**mereka** [mereka]
nosotros /nosotras/	**kami** [kami]
ustedes, vosotros	**kalian** [kalian]
usted	**Anda** [anda]

ENTRADA	**MASUK** [masu']
SALIDA	**KELUAR** [keluar]
FUERA DE SERVICIO	**TIDAK DAPAT DIGUNAKAN** [tida' dapat digunakan]
CERRADO	**TUTUP** [tutup]

ABIERTO	**BUKA** [buka]
PARA SEÑORAS	**UNTUK PEREMPUAN** [untuʾ perempuan]
PARA CABALLEROS	**UNTUK LAKI-LAKI** [untuʾ laki-laki]

T&P BOOKS

DICCIONARIO CONCISO

Esta sección contiene más
de 1.500 palabras útiles.
El diccionario incluye muchos
términos gastronómicos
y será de gran ayuda para
pedir alimentos en un
restaurante o comprando
comestibles en la tienda

T&P Books Publishing

CONTENIDO
DEL DICCIONARIO

1. La hora. El calendario

tiempo (m)	**waktu**	[waktu]
hora (f)	**jam**	[dʒʲam]
media hora (f)	**setengah jam**	[seteŋah dʒʲam]
minuto (m)	**menit**	[menit]
segundo (m)	**detik**	[detiˀ]
hoy (adv)	**hari ini**	[hari ini]
mañana (adv)	**besok**	[besoˀ]
ayer (adv)	**kemarin**	[kemarin]
lunes (m)	**Hari Senin**	[hari senin]
martes (m)	**Hari Selasa**	[hari selasa]
miércoles (m)	**Hari Rabu**	[hari rabu]
jueves (m)	**Hari Kamis**	[hari kamis]
viernes (m)	**Hari Jumat**	[hari dʒʲumat]
sábado (m)	**Hari Sabtu**	[hari sabtu]
domingo (m)	**Hari Minggu**	[hari miŋgu]
día (m)	**hari**	[hari]
día (m) de trabajo	**hari kerja**	[hari kerdʒʲa]
día (m) de fiesta	**hari libur**	[hari libur]
fin (m) de semana	**akhir pekan**	[ahir pekan]
semana (f)	**minggu**	[miŋgu]
semana (f) pasada	**minggu lalu**	[miŋgu lalu]
semana (f) que viene	**minggu berikutnya**	[miŋgu berikutnja]
salida (f) del sol	**matahari terbit**	[matahari terbit]
puesta (f) del sol	**matahari terbenam**	[matahari terbenam]
por la mañana	**pada pagi hari**	[pada pagi hari]
por la tarde	**pada sore hari**	[pada sore hari]
por la noche	**waktu sore**	[waktu sore]
esta noche	**sore ini**	[sore ini]
(p.ej. 8:00 p.m.)		
por la noche	**pada malam hari**	[pada malam hari]
medianoche (f)	**tengah malam**	[teŋah malam]
enero (m)	**Januari**	[dʒʲanuari]
febrero (m)	**Februari**	[februari]
marzo (m)	**Maret**	[maret]
abril (m)	**April**	[april]
mayo (m)	**Mei**	[mei]
junio (m)	**Juni**	[dʒʲuni]
julio (m)	**Juli**	[dʒʲuli]

agosto (m)	Augustus	[augustus]
septiembre (m)	September	[september]
octubre (m)	Oktober	[oktober]
noviembre (m)	November	[november]
diciembre (m)	Desember	[desember]

en primavera	pada musim semi	[pada musim semi]
en verano	pada musim panas	[pada musim panas]
en otoño	pada musim gugur	[pada musim gugur]
en invierno	pada musim dingin	[pada musim diɲin]

mes (m)	bulan	[bulan]
estación (f)	musim	[musim]
año (m)	tahun	[tahun]
siglo (m)	abad	[abad]

2. Números. Los numerales

cifra (f)	angka	[aŋka]
número (m) (~ cardinal)	nomor	[nomor]
menos (m)	minus	[minus]
más (m)	plus	[plus]
suma (f)	jumlah	[dʒʲumlah]

primero (adj)	pertama	[pərtama]
segundo (adj)	kedua	[kedua]
tercero (adj)	ketiga	[ketiga]

cero	nol	[nol]
uno	satu	[satu]
dos	dua	[dua]
tres	tiga	[tiga]
cuatro	empat	[empat]

cinco	lima	[lima]
seis	enam	[enam]
siete	tujuh	[tudʒʲuh]
ocho	delapan	[delapan]
nueve	sembilan	[sembilan]
diez	sepuluh	[sepuluh]

once	sebelas	[sebelas]
doce	dua belas	[dua belas]
trece	tiga belas	[tiga belas]
catorce	empat belas	[empat belas]
quince	lima belas	[lima belas]

dieciséis	enam belas	[enam belas]
diecisiete	tujuh belas	[tudʒʲuh belas]
dieciocho	delapan belas	[delapan belas]

diecinueve	**sembilan belas**	[sembilan belas]
veinte	**dua puluh**	[dua puluh]
treinta	**tiga puluh**	[tiga puluh]
cuarenta	**empat puluh**	[empat puluh]
cincuenta	**lima puluh**	[lima puluh]
sesenta	**enam puluh**	[enam puluh]
setenta	**tujuh puluh**	[tudʒⁱuh puluh]
ochenta	**delapan puluh**	[delapan puluh]
noventa	**sembilan puluh**	[sembilan puluh]
cien	**seratus**	[seratus]
doscientos	**dua ratus**	[dua ratus]
trescientos	**tiga ratus**	[tiga ratus]
cuatrocientos	**empat ratus**	[empat ratus]
quinientos	**lima ratus**	[lima ratus]
seiscientos	**enam ratus**	[enam ratus]
setecientos	**tujuh ratus**	[tudʒⁱuh ratus]
ochocientos	**delapan ratus**	[delapan ratus]
novecientos	**sembilan ratus**	[sembilan ratus]
mil	**seribu**	[seribu]
diez mil	**sepuluh ribu**	[sepuluh ribu]
cien mil	**seratus ribu**	[seratus ribu]
millón (m)	**juta**	[dʒⁱuta]
mil millones	**miliar**	[miliar]

3. El ser humano. Los familiares

hombre (m) (varón)	**laki-laki, pria**	[laki-laki], [pria]
joven (m)	**pemuda**	[pemuda]
adolescente (m)	**remaja**	[remadʒⁱa]
mujer (f)	**perempuan, wanita**	[pərempuan], [wanita]
muchacha (f)	**gadis**	[gadis]
edad (f)	**umur**	[umur]
adulto	**dewasa**	[dewasa]
de edad media (adj)	**paruh baya**	[paruh baja]
anciano, mayor (adj)	**lansia**	[lansia]
viejo (adj)	**tua**	[tua]
anciano (m)	**lelaki tua**	[lelaki tua]
anciana (f)	**perempuan tua**	[perempuan tua]
jubilación (f)	**pensiun**	[pensiun]
jubilarse	**pensiun**	[pensiun]
jubilado (m)	**pensiunan**	[pensiunan]
madre (f)	**ibu**	[ibu]
padre (m)	**ayah**	[ajah]
hijo (m)	**anak lelaki**	[anaʔ lelaki]

hija (f)	anak perempuan	[ana' pərempuan]
hermano (m)	saudara lelaki	[saudara lelaki]
hermano (m) mayor	kakak lelaki	[kaka' lelaki]
hermano (m) menor	adik lelaki	[adi' lelaki]
hermana (f)	saudara perempuan	[saudara pərempuan]
hermana (f) mayor	kakak perempuan	[kaka' pərempuan]
hermana (f) menor	adik perempuan	[adi' pərempuan]
padres (pl)	orang tua	[oraŋ tua]
niño -a (m, f)	anak	[ana']
niños (pl)	anak-anak	[ana'-ana']
madrastra (f)	ibu tiri	[ibu tiri]
padrastro (m)	ayah tiri	[ajah tiri]
abuela (f)	nenek	[nene']
abuelo (m)	kakek	[kake']
nieto (m)	cucu laki-laki	[ʧuʧu laki-laki]
nieta (f)	cucu perempuan	[ʧuʧu pərempuan]
nietos (pl)	cucu	[ʧuʧu]
tío (m)	paman	[paman]
tía (f)	bibi	[bibi]
sobrino (m)	keponakan laki-laki	[keponakan laki-laki]
sobrina (f)	keponakan perempuan	[keponakan pərempuan]
mujer (f)	istri	[istri]
marido (m)	suami	[suami]
casado (adj)	menikah, beristri	[mənikah], [bəristri]
casada (adj)	menikah, bersuami	[mənikah], [bərsuami]
viuda (f)	janda	[dʒⁱanda]
viudo (m)	duda	[duda]
nombre (m)	nama, nama depan	[nama], [nama depan]
apellido (m)	nama keluarga	[nama keluarga]
pariente (m)	kerabat	[kerabat]
amigo (m)	sahabat	[sahabat]
amistad (f)	persahabatan	[pərsahabatan]
compañero (m)	mitra	[mitra]
superior (m)	atasan	[atasan]
colega (m, f)	kolega	[kolega]
vecinos (pl)	para tetangga	[para tetaŋga]

4. El cuerpo. La anatomía humana

organismo (m)	organisme	[organisme]
cuerpo (m)	tubuh	[tubuh]
corazón (m)	jantung	[dʒⁱantuŋ]
sangre (f)	darah	[darah]

cerebro (m)	**otak**	[otaʔ]
nervio (m)	**saraf**	[saraf]
hueso (m)	**tulang**	[tulaŋ]
esqueleto (m)	**skelet, rangka**	[skelet], [raŋka]
columna (f) vertebral	**tulang belakang**	[tulaŋ belakaŋ]
costilla (f)	**tulang rusuk**	[tulaŋ rusuʔ]
cráneo (m)	**tengkorak**	[teŋkoraʔ]
músculo (m)	**otot**	[otot]
pulmones (m pl)	**paru-paru**	[paru-paru]
piel (f)	**kulit**	[kulit]
cabeza (f)	**kepala**	[kepala]
cara (f)	**wajah**	[wadʒˈah]
nariz (f)	**hidung**	[hiduŋ]
frente (f)	**dahi**	[dahi]
mejilla (f)	**pipi**	[pipi]
boca (f)	**mulut**	[mulut]
lengua (f)	**lidah**	[lidah]
diente (m)	**gigi**	[gigi]
labios (m pl)	**bibir**	[bibir]
mentón (m)	**dagu**	[dagu]
oreja (f)	**telinga**	[teliŋa]
cuello (m)	**leher**	[leher]
garganta (f)	**tenggorok**	[teŋgoroʔ]
ojo (m)	**mata**	[mata]
pupila (f)	**pupil, biji mata**	[pupil], [bidʒi mata]
ceja (f)	**alis**	[alis]
pestaña (f)	**bulu mata**	[bulu mata]
pelo, cabello (m)	**rambut**	[rambut]
peinado (m)	**tatanan rambut**	[tatanan rambut]
bigote (m)	**kumis**	[kumis]
barba (f)	**janggut**	[dʒˈaŋgut]
tener (~ la barba)	**memelihara**	[memelihara]
calvo (adj)	**botak, plontos**	[botak], [plontos]
mano (f)	**tangan**	[taŋan]
brazo (m)	**lengan**	[leŋan]
dedo (m)	**jari**	[dʒˈari]
uña (f)	**kuku**	[kuku]
palma (f)	**telapak**	[telapaʔ]
hombro (m)	**bahu**	[bahu]
pierna (f)	**kaki**	[kaki]
planta (f)	**telapak kaki**	[telapaʔ kaki]
rodilla (f)	**lutut**	[lutut]
talón (m)	**tumit**	[tumit]
espalda (f)	**punggung**	[puŋguŋ]

cintura (f), talle (m)	pinggang	[piŋgaŋ]
lunar (m)	tanda lahir	[tanda lahir]
marca (f) de nacimiento	tanda lahir	[tanda lahir]

5. La medicina. Las drogas

salud (f)	kesehatan	[kesehatan]
sano (adj)	sehat	[sehat]
enfermedad (f)	penyakit	[penjakit]
estar enfermo	sakit	[sakit]
enfermo (adj)	sakit	[sakit]

resfriado (m)	pilek, selesma	[pilek], [selesma]
resfriarse (vr)	masuk angin	[masu' aŋin]
angina (f)	radang tonsil	[radaŋ tonsil]
pulmonía (f)	radang paru-paru	[radaŋ paru-paru]
gripe (f)	flu	[flu]

resfriado (m) (coriza)	hidung meler	[hiduŋ meler]
tos (f)	batuk	[batu']
toser (vi)	batuk	[batu']
estornudar (vi)	bersin	[bersin]

insulto (m)	stroke	[stroke]
ataque (m) cardiaco	infark	[infar']
alergia (f)	alergi	[alergi]
asma (f)	asma	[asma]
diabetes (f)	diabetes	[diabetes]

tumor (m)	tumor	[tumor]
cáncer (m)	kanker	[kanker]
alcoholismo (m)	alkoholisme	[alkoholisme]
SIDA (m)	AIDS	[ajds]
fiebre (f)	demam	[demam]
mareo (m)	mabuk laut	[mabu' laut]

moradura (f)	luka memar	[luka memar]
chichón (m)	bengkak	[beŋka']
cojear (vi)	pincang	[pintʃaŋ]
dislocación (f)	keseleo	[keseleo]
dislocar (vt)	keseleo	[keseleo]

fractura (f)	fraktura, patah tulang	[fraktura], [patah tulaŋ]
quemadura (f)	luka bakar	[luka bakar]
herida (f)	cedera	[tʃedera]
dolor (m)	sakit	[sakit]
dolor (m) de muelas	sakit gigi	[sakit gigi]

| sudar (vi) | berkeringat | [berkeriŋat] |
| sordo (adj) | tunarungu | [tunaruŋu] |

mudo (adj)	tunawicara	[tunawitʃara]
inmunidad (f)	imunitas	[imunitas]
virus (m)	virus	[virus]
microbio (m)	mikroba	[mikroba]
bacteria (f)	bakteri	[bakteri]
infección (f)	infeksi	[infeksi]

hospital (m)	rumah sakit	[rumah sakit]
cura (f)	perawatan	[pərawatan]
vacunar (vt)	memvaksinasi	[memvaksinasi]
estar en coma	dalam keadaan koma	[dalam keada'an koma]
revitalización (f)	perawatan intensif	[pərawatan intensif]
síntoma (m)	gejala	[gedʒʲala]
pulso (m)	denyut nadi	[denyut nadi]

6. Los sentimientos. Las emociones

yo	saya, aku	[saja], [aku]
tú	engkau, kamu	[eŋkau], [kamu]
él, ella, ello	beliau, dia, ia	[beliau], [dia], [ia]

nosotros, -as	kami, kita	[kami], [kita]
vosotros, -as	kalian	[kalian]
Usted	Anda	[anda]
Ustedes	Anda sekalian	[anda sekalian]
ellos, ellas	mereka	[mereka]
¡Hola! (fam.)	Halo!	[halo!]
¡Hola! (form.)	Halo!	[halo!]
¡Buenos días!	Selamat pagi!	[slamat pagi!]
¡Buenas tardes!	Selamat siang!	[slamat siaŋ!]
¡Buenas noches!	Selamat sore!	[slamat sore!]

decir hola	menyapa	[mənjapa]
saludar (vt)	menyambut	[mənjambut]
¿Cómo estás?	Apa kabar?	[apa kabar?]
¡Hasta la vista! (form.)	Selamat tinggal!	[slamat tiŋgal!],
	Selamat jalan!	[slamat dʒʲalan!]
¡Hasta la vista! (fam.)	Dadah!	[dadah!]
¡Gracias!	Terima kasih!	[tərima kasih!]

sentimientos (m pl)	perasaan	[pərasa'an]
tener hambre	lapar	[lapar]
tener sed	haus	[haus]
cansado (adj)	lelah	[lelah]

inquietarse (vr)	khawatir	[hawatir]
estar nervioso	gugup, gelisah	[gugup], [gelisah]
esperanza (f)	harapan	[harapan]
esperar (tener esperanza)	berharap	[bərharap]
carácter (m)	watak	[wata']

modesto (adj)	rendah hati	[rendah hati]
perezoso (adj)	malas	[malas]
generoso (adj)	murah hati	[murah hati]
talentoso (adj)	berbakat	[bərbakat]

honesto (adj)	jujur	[dʒʲudʒʲur]
serio (adj)	serius	[serius]
tímido (adj)	malu	[malu]
sincero (adj)	ikhlas	[ihlas]
cobarde (m)	penakut	[penakut]

dormir (vi)	tidur	[tidur]
sueño (m) (dulces ~s)	mimpi	[mimpi]
cama (f)	ranjang	[randʒʲaŋ]
almohada (f)	bantal	[bantal]

insomnio (m)	insomnia	[insomnia]
irse a la cama	tidur	[tidur]
pesadilla (f)	mimpi buruk	[mimpi buruʔ]
despertador (m)	weker	[weker]

sonrisa (f)	senyuman	[senyuman]
sonreír (vi)	tersenyum	[tərsenyum]
reírse (vr)	tertawa	[tərtawa]

disputa (f), riña (f)	pertengkaran	[pərteŋkaran]
insulto (m)	penghinaan	[peŋhinaʔan]
ofensa (f)	perasaan tersinggung	[pərasaʔan tərsiŋguŋ]
enfadado (adj)	marah	[marah]

7. La ropa. Accesorios personales

ropa (f)	pakaian	[pakajan]
abrigo (m)	mantel	[mantel]
abrigo (m) de piel	mantel bulu	[mantel bulu]
cazadora (f)	jaket	[dʒʲaket]
impermeable (m)	jas hujan	[dʒʲas hudʒʲan]
camisa (f)	kemeja	[kemedʒʲa]
pantalones (m pl)	celana	[tʃelana]
chaqueta (f), saco (m)	jas	[dʒʲas]
traje (m)	setelan	[setelan]

vestido (m)	gaun	[gaun]
falda (f)	rok	[roʔ]
camiseta (f) (T-shirt)	baju kaus	[badʒʲu kaus]
bata (f) de baño	jubah mandi	[dʒʲubah mandi]
pijama (m)	piyama	[piyama]
ropa (f) de trabajo	pakaian kerja	[pakajan kerdʒʲa]
ropa (f) interior	pakaian dalam	[pakajan dalam]
calcetines (m pl)	kaus kaki	[kaus kaki]

sostén (m)	**beha**	[beha]
pantimedias (f pl)	**pantihos**	[pantihos]
medias (f pl)	**kaus kaki panjang**	[kaus kaki pandʒⁱaŋ]
traje (m) de baño	**baju renang**	[badʒⁱu renaŋ]
gorro (m)	**topi**	[topi]
calzado (m)	**sepatu**	[sepatu]
botas (f pl) altas	**sepatu lars**	[sepatu lars]
tacón (m)	**tumit**	[tumit]
cordón (m)	**tali sepatu**	[tali sepatu]
betún (m)	**semir sepatu**	[semir sepatu]
algodón (m)	**katun**	[katun]
lana (f)	**wol**	[wol]
piel (f) (~ de zorro, etc.)	**kulit berbulu**	[kulit bərbulu]
guantes (m pl)	**sarung tangan**	[saruŋ taŋan]
manoplas (f pl)	**sarung tangan**	[saruŋ taŋan]
bufanda (f)	**selendang**	[selendaŋ]
gafas (f pl)	**kacamata**	[katʃamata]
paraguas (m)	**payung**	[pajuŋ]
corbata (f)	**dasi**	[dasi]
moquero (m)	**sapu tangan**	[sapu taŋan]
peine (m)	**sisir**	[sisir]
cepillo (m) de pelo	**sikat rambut**	[sikat rambut]
hebilla (f)	**gesper**	[gesper]
cinturón (m)	**sabuk**	[sabuʔ]
bolso (m)	**tas tangan**	[tas taŋan]
cuello (m)	**kerah**	[kerah]
bolsillo (m)	**saku**	[saku]
manga (f)	**lengan**	[leŋan]
bragueta (f)	**golbi**	[golbi]
cremallera (f)	**ritsleting**	[ritsletiŋ]
botón (m)	**kancing**	[kantʃiŋ]
ensuciarse (vr)	**kena kotor**	[kena kotor]
mancha (f)	**bercak**	[bertʃaʔ]

8. La ciudad. Las instituciones urbanas

tienda (f)	**toko**	[toko]
centro (m) comercial	**toserba**	[toserba]
supermercado (m)	**pasar swalayan**	[pasar swalajan]
zapatería (f)	**toko sepatu**	[toko sepatu]
librería (f)	**toko buku**	[toko buku]
farmacia (f)	**apotek, toko obat**	[apotek], [toko obat]
panadería (f)	**toko roti**	[toko roti]

pastelería (f)	toko kue	[toko kue]
tienda (f) de comestibles	toko pangan	[toko paŋan]
carnicería (f)	toko daging	[toko dagiŋ]
verdulería (f)	toko sayur	[toko sajur]
mercado (m)	pasar	[pasar]
peluquería (f)	salon rambut	[salon rambut]
oficina (f) de correos	kantor pos	[kantor pos]
tintorería (f)	penatu kimia	[penatu kimia]
circo (m)	sirkus	[sirkus]
zoológico (m)	kebun binatang	[kebun binataŋ]
teatro (m)	teater	[teater]
cine (m)	bioskop	[bioskop]
museo (m)	museum	[museum]
biblioteca (f)	perpustakaan	[pərpustaka'an]
mezquita (f)	masjid	[masdʒid]
sinagoga (f)	sinagoga, kanisah	[sinagoga], [kanisah]
catedral (f)	katedral	[katedral]
templo (m)	kuil, candi	[kuil], [tʃandi]
iglesia (f)	gereja	[geredʒ'a]
instituto (m)	institut, perguruan tinggi	[institut], [pərguruan tiŋgi]
universidad (f)	universitas	[universitas]
escuela (f)	sekolah	[sekolah]
hotel (m)	hotel	[hotel]
banco (m)	bank	[ban']
embajada (f)	kedutaan besar	[keduta'an besar]
agencia (f) de viajes	kantor pariwisata	[kantor pariwisata]
metro (m)	kereta api bawah tanah	[kereta api bawah tanah]
hospital (m)	rumah sakit	[rumah sakit]
gasolinera (f)	SPBU, stasiun bensin	[es-pe-be-u], [stasjun bensin]
aparcamiento (m)	tempat parkir	[tempat parkir]
ENTRADA	MASUK	[masu']
SALIDA	KELUAR	[keluar]
EMPUJAR	DORONG	[doroŋ]
TIRAR	TARIK	[tari']
ABIERTO	BUKA	[buka]
CERRADO	TUTUP	[tutup]
monumento (m)	monumen, patung	[monumen], [patuŋ]
fortaleza (f)	benteng	[benteŋ]
palacio (m)	istana	[istana]
medieval (adj)	abad pertengahan	[abad pərteŋahan]
antiguo (adj)	kuno	[kuno]
nacional (adj)	nasional	[nasional]
conocido (adj)	terkenal	[tərkenal]

9. El dinero. Las finanzas

dinero (m)	uang	[uaŋ]
moneda (f)	koin	[koin]
dólar (m)	dolar	[dolar]
euro (m)	euro	[euro]
cajero (m) automático	Anjungan Tunai Mandiri, ATM	[andʒuŋan tunaj mandiri], [a-te-em]
oficina (f) de cambio	kantor penukaran uang	[kantor penukaran uaŋ]
curso (m)	nilai tukar	[nilaj tukar]
dinero (m) en efectivo	uang kontan, uang tunai	[uaŋ kontan], [uaŋ tunaj]
¿Cuánto?	Berapa?	[bərapa?]
pagar (vi, vt)	membayar	[membajar]
pago (m)	pembayaran	[pembajaran]
cambio (m) (devolver el ~)	kembalian	[kembalian]
precio (m)	harga	[harga]
descuento (m)	diskon	[diskon]
barato (adj)	murah	[murah]
caro (adj)	mahal	[mahal]
banco (m)	bank	[banʔ]
cuenta (f)	rekening	[rekeniŋ]
tarjeta (f) de crédito	kartu kredit	[kartu kredit]
cheque (m)	cek	[tʃeʔ]
sacar un cheque	menulis cek	[mənulis tʃeʔ]
talonario (m)	buku cek	[buku tʃeʔ]
deuda (f)	utang	[utaŋ]
deudor (m)	pengutang	[pəŋutaŋ]
prestar (vt)	meminjamkan	[memindʒjamkan]
tomar prestado	meminjam	[memindʒjam]
alquilar (vt)	menyewa	[mənjewa]
a crédito (adv)	secara kredit	[setʃara kredit]
cartera (f)	dompet	[dompet]
caja (f) fuerte	brankas	[brankas]
herencia (f)	warisan	[warisan]
fortuna (f)	kekayaan	[kekaja'an]
impuesto (m)	pajak	[padʒja']
multa (f)	denda	[denda]
multar (vt)	mendenda	[məndenda]
al por mayor (adj)	grosir	[grosir]
al por menor (adj)	eceran	[etʃeran]
asegurar (vt)	mengasuransikan	[məŋasuransikan]
seguro (m)	asuransi	[asuransi]
capital (m)	modal	[modal]
volumen (m) de negocio	omzet	[omzet]

acción (f)	saham	[saham]
beneficio (m)	profit, untung	[profit], [untuŋ]
beneficioso (adj)	beruntung	[bəruntuŋ]
crisis (f)	krisis	[krisis]
bancarrota (f)	kebangkrutan	[kebaŋkrutan]
ir a la bancarrota	jatuh bangkrut	[dʒʲatuh baŋkrut]
contable (m)	akuntan	[akuntan]
salario (m)	gaji, upah	[gadʒi], [upah]
premio (m)	bonus	[bonus]

10. El transporte

autobús (m)	bus	[bus]
tranvía (m)	trem	[trem]
trolebús (m)	bus listrik	[bus listriʔ]
ir en …	naik …	[naiʔ …]
tomar (~ el autobús)	naik	[naiʔ]
bajar (~ del tren)	turun …	[turun …]
parada (f)	halte, pemberhentian	[halte], [pemberhentian]
parada (f) final	halte terakhir	[halte tərahir]
horario (m)	jadwal	[dʒʲadwal]
billete (m)	tiket	[tiket]
llegar tarde (vi)	terlambat …	[tərlambat …]
taxi (m)	taksi	[taksi]
en taxi	naik taksi	[naiʔ taksi]
parada (f) de taxi	pangkalan taksi	[paŋkalan taksi]
tráfico (m)	lalu lintas	[lalu lintas]
horas (f pl) de punta	jam sibuk	[dʒʲam sibuʔ]
aparcar (vi)	parkir	[parkir]
metro (m)	kereta api bawah tanah	[kereta api bawah tanah]
estación (f)	stasiun	[stasiun]
tren (m)	kereta api	[kereta api]
estación (f)	stasiun kereta api	[stasiun kereta api]
rieles (m pl)	rel	[rel]
compartimiento (m)	kabin	[kabin]
litera (f)	bangku	[baŋku]
avión (m)	pesawat terbang	[pesawat tərbaŋ]
billete (m) de avión	tiket pesawat terbang	[tiket pesawat tərbaŋ]
compañía (f) aérea	maskapai penerbangan	[maskapaj penerbaŋan]
aeropuerto (m)	bandara	[bandara]
vuelo (m)	penerbangan	[penerbaŋan]
equipaje (m)	bagasi	[bagasi]

carrito (m) de equipaje	troli bagasi	[troli bagasi]
barco, buque (m)	kapal	[kapal]
trasatlántico (m)	kapal laut	[kapal laut]
yate (m)	perahu pesiar	[perahu pesiar]
bote (m) de remo	perahu	[perahu]
capitán (m)	kapten	[kapten]
camarote (m)	kabin	[kabin]
puerto (m)	pelabuhan	[pelabuhan]
bicicleta (f)	sepeda	[sepeda]
scooter (m)	skuter	[skuter]
motocicleta (f)	sepeda motor	[sepeda motor]
pedal (m)	pedal	[pedal]
bomba (f)	pompa	[pompa]
rueda (f)	roda	[roda]
coche (m)	mobil	[mobil]
ambulancia (f)	ambulans	[ambulans]
camión (m)	truk	[truʔ]
de ocasión (adj)	bekas	[bekas]
accidente (m)	kecelakaan mobil	[ketʃelakaʔan mobil]
reparación (f)	reparasi	[reparasi]

11. La comida. Unidad 1

carne (f)	daging	[dagiŋ]
gallina (f)	ayam	[ajam]
pato (m)	bebek	[bebeʔ]
carne (f) de cerdo	daging babi	[dagiŋ babi]
carne (f) de ternera	daging anak sapi	[dagiŋ anaʔ sapi]
carne (f) de carnero	daging domba	[dagiŋ domba]
carne (f) de vaca	daging sapi	[dagiŋ sapi]
salchichón (m)	sosis	[sosis]
huevo (m)	telur	[telur]
pescado (m)	ikan	[ikan]
queso (m)	keju	[kedʒʲu]
azúcar (m)	gula	[gula]
sal (f)	garam	[garam]
arroz (m)	beras, nasi	[beras], [nasi]
macarrones (m pl)	makaroni	[makaroni]
mantequilla (f)	mentega	[mentega]
aceite (m) vegetal	minyak nabati	[minjaʔ nabati]
pan (m)	roti	[roti]
chocolate (m)	cokelat	[tʃokelat]
vino (m)	anggur	[aŋgur]
café (m)	kopi	[kopi]

leche (f)	susu	[susu]
zumo (m), jugo (m)	jus	[dʒʲus]
cerveza (f)	bir	[bir]
té (m)	teh	[teh]

tomate (m)	tomat	[tomat]
pepino (m)	mentimun, ketimun	[məntimun], [ketimun]
zanahoria (f)	wortel	[wortel]
patata (f)	kentang	[kentaŋ]
cebolla (f)	bawang	[bawaŋ]
ajo (m)	bawang putih	[bawaŋ putih]

col (f)	kol	[kol]
remolacha (f)	ubi bit merah	[ubi bit merah]
berenjena (f)	terung, terong	[teruŋ], [teroŋ]
eneldo (m)	adas sowa	[adas sowa]
lechuga (f)	selada	[selada]
maíz (m)	jagung	[dʒʲaguŋ]

fruto (m)	buah	[buah]
manzana (f)	apel	[apel]
pera (f)	pir	[pir]
limón (m)	jeruk sitrun	[dʒʲeru' sitrun]
naranja (f)	jeruk manis	[dʒʲeru' manis]
fresa (f)	stroberi	[stroberi]

ciruela (f)	plum	[plum]
frambuesa (f)	buah frambus	[buah frambus]
piña (f)	nanas	[nanas]
banana (f)	pisang	[pisaŋ]
sandía (f)	semangka	[semaŋka]
uva (f)	buah anggur	[buah aŋgur]
melón (m)	melon	[melon]

12. La comida. Unidad 2

cocina (f)	masakan	[masakan]
receta (f)	resep	[resep]
comida (f)	makanan	[makanan]

desayunar (vi)	sarapan	[sarapan]
almorzar (vi)	makan siang	[makan siaŋ]
cenar (vi)	makan malam	[makan malam]

sabor (m)	rasa	[rasa]
sabroso (adj)	enak	[ena']
frío (adj)	dingin	[diŋin]
caliente (adj)	panas	[panas]
azucarado, dulce (adj)	manis	[manis]
salado (adj)	asin	[asin]

bocadillo (m)	roti lapis	[roti lapis]
guarnición (f)	lauk	[lauʔ]
relleno (m)	inti	[inti]
salsa (f)	saus	[saus]
pedazo (m)	potongan	[potoŋan]

dieta (f)	diet, pola makan	[diet], [pola makan]
vitamina (f)	vitamin	[vitamin]
caloría (f)	kalori	[kalori]
vegetariano (m)	vegetarian	[vegetarian]

restaurante (m)	restoran	[restoran]
cafetería (f)	warung kopi	[waruŋ kopi]
apetito (m)	nafsu makan	[nafsu makan]
¡Que aproveche!	Selamat makan!	[selamat makan!]

camarero (m)	pelayan lelaki	[pelajan lelaki]
camarera (f)	pelayan perempuan	[pelajan pərempuan]
barman (m)	pelayan bar	[pelajan bar]
carta (f), menú (m)	menu	[menu]

cuchara (f)	sendok	[sendoʔ]
cuchillo (m)	pisau	[pisau]
tenedor (m)	garpu	[garpu]
taza (f)	cangkir	[ʧaŋkir]

plato (m)	piring	[piriŋ]
platillo (m)	alas cangkir	[alas ʧaŋkir]
servilleta (f)	serbet	[serbet]
mondadientes (m)	tusuk gigi	[tusuʔ gigi]

pedir (vt)	memesan	[memesan]
plato (m)	masakan, hidangan	[masakan], [hidaŋan]
porción (f)	porsi	[porsi]
entremés (m)	makanan ringan	[makanan riŋan]
ensalada (f)	salada	[salada]
sopa (f)	sup	[sup]

postre (m)	hidangan penutup	[hidaŋan penutup]
confitura (f)	selai buah utuh	[selaj buah utuh]
helado (m)	es krim	[es krim]
cuenta (f)	bon	[bon]
pagar la cuenta	membayar bon	[membajar bon]
propina (f)	tip	[tip]

13. La casa. El apartamento. Unidad 1

casa (f)	rumah	[rumah]
casa (f) de campo	rumah luar kota	[rumah luar kota]
villa (f)	vila	[vila]

piso (m), planta (f)	lantai	[lantaj]
entrada (f)	pintu masuk	[pintu masuʔ]
pared (f)	dinding	[dindiŋ]
techo (m)	atap	[atap]
chimenea (f)	cerobong	[ʧeroboŋ]
desván (m)	loteng	[loteŋ]
ventana (f)	jendela	[ʤʲendela]
alféizar (m)	ambang jendela	[ambaŋ ʤʲendela]
balcón (m)	balkon	[balkon]
escalera (f)	tangga	[taŋga]
buzón (m)	kotak pos	[kotaʔ pos]
contenedor (m) de basura	tong sampah	[toŋ sampah]
ascensor (m)	elevator	[elevator]
electricidad (f)	listrik	[listriʔ]
bombilla (f)	bohlam	[bohlam]
interruptor (m)	sakelar	[sakelar]
enchufe (m)	colokan	[ʧolokan]
fusible (m)	sekering	[sekeriŋ]
puerta (f)	pintu	[pintu]
tirador (m)	gagang pintu	[gagaŋ pintu]
llave (f)	kunci	[kunʧi]
felpudo (m)	tikar	[tikar]
cerradura (f)	kunci pintu	[kunʧi pintu]
timbre (m)	bel	[bel]
toque (m) a la puerta	ketukan	[ketukan]
tocar la puerta	mengetuk	[məŋetuʔ]
mirilla (f)	lubang intip	[lubaŋ intip]
patio (m)	pekarangan	[pekaraŋan]
jardín (m)	kebun	[kebun]
piscina (f)	kolam renang	[kolam renaŋ]
gimnasio (m)	gym	[ʤim]
cancha (f) de tenis	lapangan tenis	[lapaŋan tenis]
garaje (m)	garasi	[garasi]
propiedad (f) privada	milik pribadi	[miliʔ pribadi]
letrero (m) de aviso	tanda peringatan	[tanda pəriŋatan]
seguridad (f)	keamanan	[keamanan]
guardia (m) de seguridad	satpam, pengawal	[satpam], [peŋawal]
renovación (f)	renovasi	[renovasi]
renovar (vt)	merenovasi	[merenovasi]
poner en orden	membereskan	[membereskan]
pintar (las paredes)	mengecat	[məŋeʧat]
empapelado (m)	kertas dinding	[kertas dindiŋ]
cubrir con barniz	memernis	[memernis]
tubo (m)	pipa	[pipa]

instrumentos (m pl)	peralatan	[pəralatan]
sótano (m)	rubanah	[rubanah]
alcantarillado (m)	riol	[riol]

14. La casa. El apartamento. Unidad 2

apartamento (m)	apartemen	[apartemen]
habitación (f)	kamar	[kamar]
dormitorio (m)	kamar tidur	[kamar tidur]
comedor (m)	ruang makan	[ruaŋ makan]

salón (m)	ruang tamu	[ruaŋ tamu]
despacho (m)	ruang kerja	[ruaŋ kerdʒia]
antecámara (f)	ruang depan	[ruaŋ depan]
cuarto (m) de baño	kamar mandi	[kamar mandi]
servicio (m)	kamar kecil	[kamar ketʃil]

| suelo (m) | lantai | [lantaj] |
| techo (m) | plafon, langit-langit | [plafon], [laŋit-laŋit] |

limpiar el polvo	menyapu debu	[mənjapu debu]
aspirador (m), aspiradora (f)	pengisap debu	[peŋisap debu]
limpiar con la aspiradora	membersihkan dengan pengisap debu	[membersihkan deŋan peŋisap debu]

fregona (f)	kain pel	[kain pel]
trapo (m)	lap	[lap]
escoba (f)	sapu lidi	[sapu lidi]
cogedor (m)	pengki	[peŋki]
muebles (m pl)	mebel	[mebel]
mesa (f)	meja	[medʒia]
silla (f)	kursi	[kursi]
sillón (m)	kursi malas	[kursi malas]

librería (f)	lemari buku	[lemari buku]
estante (m)	rak	[raʔ]
armario (m)	lemari pakaian	[lemari pakajan]

espejo (m)	cermin	[tʃermin]
tapiz (m)	permadani	[pərmadani]
chimenea (f)	perapian	[pərapian]
cortinas (f pl)	gorden	[gorden]
lámpara (f) de mesa	lampu meja	[lampu medʒia]
lámpara (f) de araña	lampu bercabang	[lampu bertʃabaŋ]

cocina (f)	dapur	[dapur]
cocina (f) de gas	kompor gas	[kompor gas]
cocina (f) eléctrica	kompor listrik	[kompor listriʔ]
horno (m) microondas	microwave	[majkrowav]
frigorífico (m)	lemari es, kulkas	[lemari es], [kulkas]

congelador (m)	lemari pembeku	[lemari pembeku]
lavavajillas (m)	mesin pencuci piring	[mesin pentʃutʃi piriŋ]
grifo (m)	keran	[keran]
picadora (f) de carne	alat pelumat daging	[alat pelumat dagiŋ]
exprimidor (m)	mesin sari buah	[mesin sari buah]
tostador (m)	alat pemanggang roti	[alat pemaŋgaŋ roti]
batidora (f)	pencampur	[pentʃampur]
cafetera (f) (aparato de cocina)	mesin pembuat kopi	[mesin pembuat kopi]
hervidor (m) de agua	cerek	[tʃere']
tetera (f)	teko	[teko]
televisor (m)	pesawat TV	[pesawat ti-vi]
vídeo (m)	video, VCR	[vidio], [vi-si-er]
plancha (f)	setrika	[setrika]
teléfono (m)	telepon	[telepon]

15. Los trabajos. El estatus social

director (m)	direktur	[direktur]
superior (m)	atasan	[atasan]
presidente (m)	presiden	[presiden]
asistente (m)	asisten	[asisten]
secretario, -a (m, f)	sekretaris	[sekretaris]
propietario (m)	pemilik	[pemili']
socio (m)	mitra	[mitra]
accionista (m)	pemegang saham	[pemegaŋ saham]
hombre (m) de negocios	pengusaha, pebisnis	[peŋusaha], [pebisnis]
millonario (m)	jutawan	[dʒutawan]
multimillonario (m)	miliarder	[miliarder]
actor (m)	aktor	[aktor]
arquitecto (m)	arsitek	[arsite']
banquero (m)	bankir	[bankir]
broker (m)	broker, pialang	[broker], [pialaŋ]
veterinario (m)	dokter hewan	[dokter hewan]
médico (m)	dokter	[dokter]
camarera (f)	pelayan kamar	[pelajan kamar]
diseñador (m)	desainer, perancang	[desajner], [perantʃaŋ]
corresponsal (m)	koresponden	[koresponden]
repartidor (m)	kurir	[kurir]
electricista (m)	tukang listrik	[tukaŋ listri']
músico (m)	musisi, musikus	[musisi], [musikus]
niñera (f)	pengasuh anak	[peŋasuh ana']
peluquero (m)	tukang cukur	[tukaŋ tʃukur]

pastor (m)	penggembala	[peŋgembala]
cantante (m)	biduan	[biduan]
traductor (m)	penerjemah	[penerdʒ'emah]
escritor (m)	penulis	[penulis]
carpintero (m)	tukang kayu	[tukaŋ kaju]
cocinero (m)	koki, juru masak	[koki], [dʒ'uru masa']
bombero (m)	pemadam kebakaran	[pemadam kebakaran]
policía (m)	polisi	[polisi]
cartero (m)	tukang pos	[tukaŋ pos]
programador (m)	pemrogram	[pemrogram]
vendedor (m)	pramuniaga	[pramuniaga]
obrero (m)	buruh, pekerja	[buruh], [pekerdʒ'a]
jardinero (m)	tukang kebun	[tukaŋ kebun]
fontanero (m)	tukang pipa	[tukaŋ pipa]
dentista (m)	dokter gigi	[dokter gigi]
azafata (f)	pramugari	[pramugari]
bailarín (m)	penari lelaki	[penari lelaki]
guardaespaldas (m)	pengawal pribadi	[peŋawal pribadi]
científico (m)	ilmuwan	[ilmuwan]
profesor (m) (~ de baile, etc.)	guru	[guru]
granjero (m)	petani	[petani]
cirujano (m)	dokter bedah	[dokter bedah]
minero (m)	penambang	[penambaŋ]
jefe (m) de cocina	koki kepala	[koki kepala]
chofer (m)	sopir	[sopir]

16. Los deportes

tipo (m) de deporte	jenis olahraga	[dʒ'enis olahraga]
fútbol (m)	sepak bola	[sepa' bola]
hockey (m)	hoki	[hoki]
baloncesto (m)	bola basket	[bola basket]
béisbol (m)	bisbol	[bisbol]
voleibol (m)	bola voli	[bola voli]
boxeo (m)	tinju	[tindʒ'u]
lucha (f)	gulat	[gulat]
tenis (m)	tenis	[tenis]
natación (f)	berenang	[bərenaŋ]
ajedrez (m)	catur	[tʃatur]
carrera (f)	lari	[lari]
atletismo (m)	atletik	[atleti']
patinaje (m) artístico	seluncur indah	[seluntʃur indah]
ciclismo (m)	bersepeda	[bərsepeda]

billar (m)	biliar	[biliar]
culturismo (m)	binaraga	[binaraga]
golf (m)	golf	[golf]
buceo (m)	selam skuba	[selam skuba]
vela (f)	berlayar	[bərlajar]
tiro (m) con arco	memanah	[memanah]
tiempo (m)	babak	[baba']
descanso (m)	waktu istirahat	[waktu istirahat]
empate (m)	seri, hasil imbang	[seri], [hasil imbaŋ]
empatar (vi)	bermain seri	[bermajn seri]
cinta (f) de correr	treadmill	[tredmil]
jugador (m)	pemain	[pemajn]
reserva (m)	pemain pengganti	[pemajn peŋganti]
banquillo (m) de reserva	bangku pemain pengganti	[baŋku pemajn peŋganti]
match (m)	pertandingan	[pərtandiŋan]
puerta (f)	gawang	[gawaŋ]
portero (m)	kiper, penjaga gawang	[kiper], [pendʒ¡aga gawaŋ]
gol (m)	gol	[gol]
Juegos (m pl) Olímpicos	Olimpiade	[olimpiade]
establecer un record	menciptakan rekor	[məntʃiptakan rekor]
final (m)	final	[final]
campeón (m)	juara	[dʒ¡uara]
campeonato (m)	kejuaraan	[kedʒ¡uara'an]
vencedor (m)	pemenang	[pemenaŋ]
victoria (f)	kemenangan	[kemenaŋan]
ganar (vi)	menang	[menaŋ]
perder (vi)	kalah	[kalah]
medalla (f)	medali	[medali]
primer puesto (m)	tempat pertama	[tempat pərtama]
segundo puesto (m)	tempat kedua	[tempat kedua]
tercer puesto (m)	tempat ketiga	[tempat ketiga]
estadio (m)	stadion	[stadion]
hincha (m)	pendukung	[pendukuŋ]
entrenador (m)	pelatih	[pelatih]
entrenamiento (m)	latihan	[latihan]

17. Los idiomas extranjeros. La ortografía

lengua (f)	bahasa	[bahasa]
estudiar (vt)	mempelajari	[mempeladʒ¡ari]
pronunciación (f)	pelafalan	[pelafalan]
acento (m)	aksen	[aksen]

sustantivo (m)	nomina	[nomina]
adjetivo (m)	adjektiva	[adʒʲektiva]
verbo (m)	verba	[verba]
adverbio (m)	adverbia	[adverbia]
pronombre (m)	kata ganti	[kata ganti]
interjección (f)	kata seru	[kata seru]
preposición (f)	preposisi, kata depan	[preposisi], [kata depan]
raíz (f), radical (m)	kata dasar	[kata dasar]
desinencia (f)	akhiran	[ahiran]
prefijo (m)	prefiks, awalan	[prefiks], [awalan]
sílaba (f)	suku kata	[suku kata]
sufijo (m)	sufiks, akhiran	[sufiks], [ahiran]
acento (m)	tanda tekanan	[tanda tekanan]
punto (m)	titik	[titiʔ]
coma (m)	koma	[koma]
dos puntos (m pl)	titik dua	[titiʔ dua]
puntos (m pl) suspensivos	elipsis, lesapan	[elipsis], [lesapan]
pregunta (f)	pertanyaan	[pərtanjaʔan]
signo (m) de interrogación	tanda tanya	[tanda tanja]
signo (m) de admiración	tanda seru	[tanda seru]
entre comillas	dalam tanda petik	[dalam tanda petiʔ]
entre paréntesis	dalam tanda kurung	[dalam tanda kuruŋ]
letra (f)	huruf	[huruf]
letra (f) mayúscula	huruf kapital	[huruf kapital]
oración (f)	kalimat	[kalimat]
combinación (f) de palabras	rangkaian kata	[raŋkajan kata]
expresión (f)	ungkapan	[uŋkapan]
sujeto (m)	subjek	[subdʒʲeʔ]
predicado (m)	predikat	[predikat]
línea (f)	baris	[baris]
párrafo (m)	alinea, paragraf	[alinea], [paragraf]
sinónimo (m)	sinonim	[sinonim]
antónimo (m)	antonim	[antonim]
excepción (f)	perkecualian	[pərketʃualian]
subrayar (vt)	menggaris bawahi	[məŋgaris bawahi]
reglas (f pl)	peraturan	[pəraturan]
gramática (f)	tatabahasa	[tatabahasa]
vocabulario (m)	kosakata	[kosakata]
fonética (f)	fonetik	[fonetiʔ]
alfabeto (m)	alfabet, abjad	[alfabet], [abdʒʲad]
manual (m)	buku pelajaran	[buku peladʒʲaran]
diccionario (m)	kamus	[kamus]

guía (f) de conversación	**panduan percakapan**	[panduan pərtʃakapan]
palabra (f)	**kata**	[kata]
significado (m)	**arti**	[arti]
memoria (f)	**memori, daya ingat**	[memori], [daja iŋat]

18. La Tierra. La geografía

Tierra (f)	**Bumi**	[bumi]
globo (m) terrestre	**bola Bumi**	[bola bumi]
planeta (m)	**planet**	[planet]
geografía (f)	**geografi**	[geografi]
naturaleza (f)	**alam**	[alam]
mapa (m)	**peta**	[peta]
atlas (m)	**atlas**	[atlas]
en el norte	**di utara**	[di utara]
en el sur	**di selatan**	[di selatan]
en el oeste	**di barat**	[di barat]
en el este	**di timur**	[di timur]
mar (m)	**laut**	[laut]
océano (m)	**samudra**	[samudra]
golfo (m)	**teluk**	[teluʔ]
estrecho (m)	**selat**	[selat]
continente (m)	**benua**	[benua]
isla (f)	**pulau**	[pulau]
península (f)	**semenanjung, jazirah**	[semenandʒ¡uŋ], [dʒ¡azirah]
archipiélago (m)	**kepulauan**	[kepulauan]
ensenada, bahía (f)	**pelabuhan**	[pelabuhan]
arrecife (m) de coral	**terumbu karang**	[tərumbu karaŋ]
orilla (f)	**pantai**	[pantaj]
costa (f)	**pantai**	[pantaj]
flujo (m)	**air pasang**	[air pasaŋ]
reflujo (m)	**air surut**	[air surut]
latitud (f)	**lintang**	[lintaŋ]
longitud (f)	**garis bujur**	[garis budʒ¡ur]
paralelo (m)	**sejajar**	[sedʒ¡adʒ¡ar]
ecuador (m)	**khatulistiwa**	[hatulistiwa]
cielo (m)	**langit**	[laŋit]
horizonte (m)	**horizon**	[horizon]
atmósfera (f)	**atmosfer**	[atmosfer]
montaña (f)	**gunung**	[gunuŋ]
cima (f)	**puncak**	[puntʃaʔ]

roca (f)	tebing	[tebiŋ]
colina (f)	bukit	[bukit]
volcán (m)	gunung api	[gunuŋ api]
glaciar (m)	gletser	[gletser]
cascada (f)	air terjun	[air tərdʒʲun]
llanura (f)	dataran	[dataran]
río (m)	sungai	[suŋaj]
manantial (m)	mata air	[mata air]
ribera (f)	tebing sungai	[tebiŋ suŋaj]
río abajo (adv)	ke hilir	[ke hilir]
río arriba (adv)	ke hulu	[ke hulu]
lago (m)	danau	[danau]
presa (f)	dam, bendungan	[dam], [benduŋan]
canal (m)	kanal, terusan	[kanal], [tərusan]
pantano (m)	rawa	[rawa]
hielo (m)	es	[es]

19. Los países. Unidad 1

Europa (f)	Eropa	[eropa]
Unión (f) Europea	Uni Eropa	[uni eropa]
europeo (m)	orang Eropa	[oraŋ eropa]
europeo (adj)	Eropa	[eropa]
Austria (f)	Austria	[austria]
Gran Bretaña (f)	Britania Raya	[britania raja]
Inglaterra (f)	Inggris	[iŋgris]
Bélgica (f)	Belgia	[belgia]
Alemania (f)	Jerman	[dʒʲerman]
Países Bajos (m pl)	Belanda	[belanda]
Holanda (f)	Belanda	[belanda]
Grecia (f)	Yunani	[yunani]
Dinamarca (f)	Denmark	[denmarʔ]
Irlanda (f)	Irlandia	[irlandia]
Islandia (f)	Islandia	[islandia]
España (f)	Spanyol	[spanjol]
Italia (f)	Italia	[italia]
Chipre (m)	Siprus	[siprus]
Malta (f)	Malta	[malta]
Noruega (f)	Norwegia	[norwegia]
Portugal (m)	Portugal	[portugal]
Finlandia (f)	Finlandia	[finlandia]
Francia (f)	Prancis	[prantʃis]
Suecia (f)	Swedia	[swedia]

Suiza (f)	**Swiss**	[swiss]
Escocia (f)	**Skotlandia**	[skotlandia]
Vaticano (m)	**Vatikan**	[vatikan]
Liechtenstein (m)	**Liechtenstein**	[lajhtensteyn]
Luxemburgo (m)	**Luksemburg**	[luksemburg]
Mónaco (m)	**Monako**	[monako]
Albania (f)	**Albania**	[albania]
Bulgaria (f)	**Bulgaria**	[bulgaria]
Hungría (f)	**Hongaria**	[hoŋaria]
Letonia (f)	**Latvia**	[latvia]
Lituania (f)	**Lituania**	[lituania]
Polonia (f)	**Polandia**	[polandia]
Rumania (f)	**Romania**	[romania]
Serbia (f)	**Serbia**	[serbia]
Eslovaquia (f)	**Slowakia**	[slowakia]
Croacia (f)	**Kroasia**	[kroasia]
Chequia (f)	**Republik Ceko**	[republiʔ ʧeko]
Estonia (f)	**Estonia**	[estonia]
Bosnia y Herzegovina	**Bosnia-Hercegovina**	[bosnia-hersegovina]
Macedonia	**Makedonia**	[makedonia]
Eslovenia	**Slovenia**	[slovenia]
Montenegro (m)	**Montenegro**	[montenegro]
Bielorrusia (f)	**Belarusia**	[belarusia]
Moldavia (f)	**Moldova**	[moldova]
Rusia (f)	**Rusia**	[rusia]
Ucrania (f)	**Ukraina**	[ukrajna]

20. Los países. Unidad 2

Asia (f)	**Asia**	[asia]
Vietnam (m)	**Vietnam**	[vjetnam]
India (f)	**India**	[india]
Israel (m)	**Israel**	[israel]
China (f)	**Tiongkok**	[tjoŋkoʔ]
Líbano (m)	**Lebanon**	[lebanon]
Mongolia (f)	**Mongolia**	[moŋolia]
Malasia (f)	**Malaysia**	[malajsia]
Pakistán (m)	**Pakistan**	[pakistan]
Arabia (f) Saudita	**Arab Saudi**	[arab saudi]
Tailandia (f)	**Thailand**	[tajland]
Taiwán (m)	**Taiwan**	[tajwan]
Turquía (f)	**Turki**	[turki]
Japón (m)	**Jepang**	[dʒˈepaŋ]
Afganistán (m)	**Afghanistan**	[afganistan]

Bangladesh (m)	**Bangladesh**	[baŋladeʃ]
Indonesia (f)	**Indonesia**	[indonesia]
Jordania (f)	**Yordania**	[yordania]
Irak (m)	**Irak**	[iraʔ]
Irán (m)	**Iran**	[iran]
Camboya (f)	**Kamboja**	[kambodʒia]
Kuwait (m)	**Kuwait**	[kuweyt]
Laos (m)	**Laos**	[laos]
Myanmar (m)	**Myanmar**	[myanmar]
Nepal (m)	**Nepal**	[nepal]
Emiratos (m pl) Árabes Unidos	**Uni Emirat Arab**	[uni emirat arab]
Siria (f)	**Suriah**	[suriah]
Palestina (f)	**Palestina**	[palestina]
Corea (f) del Sur	**Korea Selatan**	[korea selatan]
Corea (f) del Norte	**Korea Utara**	[korea utara]
Estados Unidos de América	**Amerika Serikat**	[amerika serikat]
Canadá (f)	**Kanada**	[kanada]
Méjico (m)	**Meksiko**	[meksiko]
Argentina (f)	**Argentina**	[argentina]
Brasil (m)	**Brasil**	[brasil]
Colombia (f)	**Kolombia**	[kolombia]
Cuba (f)	**Kuba**	[kuba]
Chile (m)	**Chili**	[tʃili]
Venezuela (f)	**Venezuela**	[venezuela]
Ecuador (m)	**Ekuador**	[ekuador]
Islas (f pl) Bahamas	**Kepulauan Bahama**	[kepulauan bahama]
Panamá (f)	**Panama**	[panama]
Egipto (m)	**Mesir**	[mesir]
Marruecos (m)	**Maroko**	[maroko]
Túnez (m)	**Tunisia**	[tunisia]
Kenia (f)	**Kenya**	[kenia]
Libia (f)	**Libia**	[libia]
República (f) Sudafricana	**Afrika Selatan**	[afrika selatan]
Australia (f)	**Australia**	[australia]
Nueva Zelanda (f)	**Selandia Baru**	[selandia baru]

21. El tiempo. Los desastres naturales

tiempo (m)	**cuaca**	[tʃuatʃa]
previsión (f) del tiempo	**prakiraan cuaca**	[prakiraʔan tʃuatʃa]
temperatura (f)	**temperatur, suhu**	[temperatur], [suhu]
termómetro (m)	**termometer**	[termometer]

barómetro (m)	barometer	[barometer]
sol (m)	matahari	[matahari]
brillar (vi)	bersinar	[bərsinar]
soleado (un día ~)	cerah	[tʃerah]
elevarse (el sol)	terbit	[terbit]
ponerse (vr)	terbenam	[tərbenam]
lluvia (f)	hujan	[hudʒian]
está lloviendo	hujan turun	[hudʒian turun]
aguacero (m)	hujan lebat	[hudʒian lebat]
nubarrón (m)	awan mendung	[awan menduŋ]
charco (m)	kubangan	[kubaŋan]
mojarse (vr)	kehujanan	[kehudʒianan]
tormenta (f)	hujan badai	[hudʒian badaj]
relámpago (m)	kilat	[kilat]
relampaguear (vi)	berkilau	[bərkilau]
trueno (m)	petir	[petir]
está tronando	bergemuruh	[bərgemuruh]
granizo (m)	hujan es	[hudʒian es]
está granizando	hujan es	[hudʒian es]
bochorno (m)	panas, gerah	[panas], [gerah]
hace mucho calor	panas	[panas]
hace calor (templado)	hangat	[haŋat]
hace frío	dingin	[diŋin]
niebla (f)	kabut	[kabut]
nebuloso (adj)	berkabut	[bərkabut]
nube (f)	awan	[awan]
nuboso (adj)	berawan	[bərawan]
humedad (f)	kelembapan	[kelembapan]
nieve (f)	salju	[saldʒiu]
está nevando	turun salju	[turun saldʒiu]
helada (f)	dingin	[diŋin]
bajo cero (adv)	di bawah nol	[di bawah nol]
escarcha (f)	embun beku	[embun beku]
mal tiempo (m)	cuaca buruk	[tʃuatʃa buruʔ]
catástrofe (f)	bencana	[bentʃana]
inundación (f)	banjir	[bandʒir]
avalancha (f)	longsor	[loŋsor]
terremoto (m)	gempa bumi	[gempa bumi]
sacudida (f)	gempa	[gempa]
epicentro (m)	episentrum	[episentrum]
erupción (f)	erupsi, letusan	[erupsi], [letusan]
lava (f)	lava, lahar	[lava], [lahar]
tornado (m)	tornado	[tornado]
torbellino (m)	puting beliung	[putiŋ beliuŋ]

huracán (m)	topan	[topan]
tsunami (m)	tsunami	[tsunami]
ciclón (m)	siklon	[siklon]

22. Los animales. Unidad 1

animal (m)	binatang	[binataŋ]
carnívoro (m)	predator, pemangsa	[predator], [pemaŋsa]
tigre (m)	harimau	[harimau]
león (m)	singa	[siŋa]
lobo (m)	serigala	[serigala]
zorro (m)	rubah	[rubah]
jaguar (m)	jaguar	[dʒʲaguar]
lince (m)	lynx	[links]
coyote (m)	koyote	[koyot]
chacal (m)	jakal	[dʒʲakal]
hiena (f)	hiena	[hiena]
ardilla (f)	bajing	[badʒiŋ]
erizo (m)	landak susu	[landaʔ susu]
conejo (m)	kelinci	[kelintʃi]
mapache (m)	rakun	[rakun]
hámster (m)	hamster	[hamster]
topo (m)	tikus mondok	[tikus mondoʔ]
ratón (m)	tikus	[tikus]
rata (f)	tikus besar	[tikus besar]
murciélago (m)	kelelawar	[kelelawar]
castor (m)	beaver	[beaver]
caballo (m)	kuda	[kuda]
ciervo (m)	rusa	[rusa]
camello (m)	unta	[unta]
cebra (f)	kuda belang	[kuda belaŋ]
ballena (f)	ikan paus	[ikan paus]
foca (f)	anjing laut	[andʒiŋ laut]
morsa (f)	walrus	[walrus]
delfín (m)	lumba-lumba	[lumba-lumba]
oso (m)	beruang	[bəruaŋ]
mono (m)	monyet	[monjet]
elefante (m)	gajah	[gadʒʲah]
rinoceronte (m)	badak	[badaʔ]
jirafa (f)	jerapah	[dʒʲerapah]
hipopótamo (m)	kuda nil	[kuda nil]
canguro (m)	kanguru	[kaŋuru]

| gata (f) | kucing betina | [kutʃiŋ betina] |
| perro (m) | anjing | [andʒiŋ] |

vaca (f)	sapi	[sapi]
toro (m)	sapi jantan	[sapi dʒʲantan]
oveja (f)	domba	[domba]
cabra (f)	kambing betina	[kambiŋ betina]

asno (m)	keledai	[keledaj]
cerdo (m)	babi	[babi]
gallina (f)	ayam betina	[ajam betina]
gallo (m)	ayam jago	[ajam dʒʲago]

pato (m)	bebek	[bebeʔ]
ganso (m)	angsa	[aŋsa]
pava (f)	kalkun betina	[kalkun betina]
perro (m) pastor	anjing gembala	[andʒiŋ gembala]

23. Los animales. Unidad 2

pájaro (m)	burung	[buruŋ]
paloma (f)	burung dara	[buruŋ dara]
gorrión (m)	burung gereja	[buruŋ geredʒʲa]
carbonero (m)	burung tit	[buruŋ tit]
urraca (f)	burung murai	[buruŋ muraj]

águila (f)	rajawali	[radʒʲawali]
azor (m)	elang	[elaŋ]
halcón (m)	alap-alap	[alap-alap]

cisne (m)	angsa	[aŋsa]
grulla (f)	burung jenjang	[buruŋ dʒʲendʒʲaŋ]
cigüeña (f)	bangau	[baŋau]
loro (m), papagayo (m)	burung nuri	[buruŋ nuri]
pavo (m) real	burung merak	[buruŋ meraʔ]
avestruz (m)	burung unta	[buruŋ unta]

garza (f)	kuntul	[kuntul]
ruiseñor (m)	burung bulbul	[buruŋ bulbul]
golondrina (f)	burung walet	[buruŋ walet]
pájaro carpintero (m)	burung pelatuk	[buruŋ pelatuʔ]
cuco (m)	burung kukuk	[buruŋ kukuʔ]
lechuza (f)	burung hantu	[buruŋ hantu]

pingüino (m)	penguin	[peŋuin]
atún (m)	tuna	[tuna]
trucha (f)	ikan forel	[ikan forel]
anguila (f)	belut	[belut]
tiburón (m)	ikan hiu	[ikan hiu]
centolla (f)	kepiting	[kepitiŋ]

medusa (f)	ubur-ubur	[ubur-ubur]
pulpo (m)	gurita	[gurita]
estrella (f) de mar	bintang laut	[bintaŋ laut]
erizo (m) de mar	landak laut	[landa' laut]
caballito (m) de mar	kuda laut	[kuda laut]
camarón (m)	udang	[udaŋ]
serpiente (f)	ular	[ular]
víbora (f)	ular viper	[ular viper]
lagarto (m)	kadal	[kadal]
iguana (f)	iguana	[iguana]
camaleón (m)	bunglon	[buŋlon]
escorpión (m)	kalajengking	[kaladʒˈeŋkiŋ]
tortuga (f)	kura-kura	[kura-kura]
rana (f)	katak	[kata']
cocodrilo (m)	buaya	[buaja]
insecto (m)	serangga	[seraŋga]
mariposa (f)	kupu-kupu	[kupu-kupu]
hormiga (f)	semut	[semut]
mosca (f)	lalat	[lalat]
mosquito (m) (picadura de ~)	nyamuk	[njamu']
escarabajo (m)	kumbang	[kumbaŋ]
abeja (f)	lebah	[lebah]
araña (f)	laba-laba	[laba-laba]
mariquita (f)	kumbang koksi	[kumbaŋ koksi]

24. Los árboles. Las plantas

árbol (m)	pohon	[pohon]
abedul (m)	pohon berk	[pohon ber']
roble (m)	pohon eik	[pohon ei']
tilo (m)	pohon linden	[pohon linden]
pobo (m)	pohon aspen	[pohon aspen]
arce (m)	pohon mapel	[pohon mapel]
pícea (f)	pohon den	[pohon den]
pino (m)	pohon pinus	[pohon pinus]
cedro (m)	pohon aras	[pohon aras]
álamo (m)	pohon poplar	[pohon poplar]
serbal (m)	pohon rowan	[pohon rowan]
haya (f)	pohon nothofagus	[pohon notofagus]
olmo (m)	pohon elm	[pohon elm]
fresno (m)	pohon abu	[pohon abu]
castaño (m)	kastanye	[kastanje]

palmera (f)	palem	[palem]
mata (f)	rumpun	[rumpun]
seta (f)	jamur	[dʒamur]
seta (f) venenosa	jamur beracun	[dʒamur bəratʃun]
seta calabaza (f)	jamur boletus	[dʒamur boletus]
rúsula (f)	jamur rusula	[dʒamur rusula]
matamoscas (m)	jamur Amanita muscaria	[dʒamur amanita mustʃaria]
oronja (f) verde	jamur topi kematian	[dʒamur topi kematian]
flor (f)	bunga	[buŋa]
ramo (m) de flores	buket	[buket]
rosa (f)	mawar	[mawar]
tulipán (m)	tulip	[tulip]
clavel (m)	bunga anyelir	[buŋa anjelir]
manzanilla (f)	bunga margrit	[buŋa margrit]
cacto (m)	kaktus	[kaktus]
muguete (m)	lili lembah	[lili lembah]
campanilla (f) de las nieves	bunga tetesan salju	[buŋa tetesan saldʒu]
nenúfar (m)	lili air	[lili air]
invernadero (m) tropical	rumah kaca	[rumah katʃa]
césped (m)	halaman berumput	[halaman berumput]
macizo (m) de flores	bedeng bunga	[bedeŋ buŋa]
planta (f)	tumbuhan	[tumbuhan]
hierba (f)	rumput	[rumput]
hoja (f)	daun	[daun]
pétalo (m)	kelopak	[kelopaʔ]
tallo (m)	batang	[bataŋ]
retoño (m)	tunas	[tunas]
cereales (m pl) (plantas)	padi-padian	[padi-padian]
trigo (m)	gandum	[gandum]
centeno (m)	gandum hitam	[gandum hitam]
avena (f)	oat	[oat]
mijo (m)	jawawut	[dʒawawut]
cebada (f)	jelai	[dʒelaj]
maíz (m)	jagung	[dʒaguŋ]
arroz (m)	beras	[beras]

25. Varias palabras útiles

alto (m) (parada temporal)	perhentian	[pərhentian]
ayuda (f)	bantuan	[bantuan]
balance (m)	keseimbangan	[keseimbaŋan]
base (f) (~ científica)	basis, dasar	[basis], [dasar]

categoría (f)	**kategori**	[kategori]
coincidencia (f)	**kebetulan**	[kebetulan]
comienzo (m) (principio)	**permulaan**	[pərmulaʼan]
comparación (f)	**perbandingan**	[pərbandiŋan]
desarrollo (m)	**perkembangan**	[pərkembaŋan]
diferencia (f)	**perbedaan**	[pərbedaʼan]
efecto (m)	**efek, pengaruh**	[efek], [peŋaruh]
ejemplo (m)	**contoh**	[ʧontoh]
variedad (f) (selección)	**pilihan**	[pilihan]
elemento (m)	**unsur**	[unsur]
error (m)	**kesalahan**	[kesalahan]
esfuerzo (m)	**usaha**	[usaha]
estándar (adj)	**standar**	[standar]
estilo (m)	**gaya**	[gaja]
forma (f) (contorno)	**bentuk, rupa**	[bentuk], [rupa]
grado (m) (en mayor ~)	**tingkat**	[tiŋkat]
hecho (m)	**fakta**	[fakta]
ideal (m)	**ideal**	[ideal]
modo (m) (de otro ~)	**cara**	[ʧara]
momento (m)	**saat, waktu**	[saʼat], [waktu]
obstáculo (m)	**rintangan**	[rintaŋan]
parte (f)	**bagian**	[bagian]
pausa (f)	**istirahat**	[istirahat]
posición (f)	**posisi**	[posisi]
problema (m)	**masalah**	[masalah]
proceso (m)	**proses**	[proses]
progreso (m)	**kemajuan**	[kemaʤ'uan]
propiedad (f) (cualidad)	**sifat**	[sifat]
reacción (f)	**reaksi**	[reaksi]
riesgo (m)	**risiko**	[risiko]
secreto (m)	**rahasia**	[rahasia]
serie (f)	**rangkaian**	[raŋkajan]
sistema (m)	**sistem**	[sistem]
situación (f)	**situasi**	[situasi]
solución (f)	**solusi, penyelesaian**	[solusi], [penjelesajan]
tabla (f) (~ de multiplicar)	**tabel**	[tabel]
tempo (m) (ritmo)	**tempo, laju**	[tempo], [ladʒ'u]
término (m)	**istilah**	[istilah]
tipo (m)	**jenis**	[dʒ'enis]
(p.ej. ~ de deportes)		
turno (m) (esperar su ~)	**giliran**	[giliran]
urgente (adj)	**segera**	[segera]
utilidad (f)	**kegunaan**	[kegunaʼan]
variante (f)	**varian**	[varian]
verdad (f)	**kebenaran**	[kebenaran]
zona (f)	**zona**	[zona]

26. Los adjetivos. Unidad 1

abierto (adj)	terbuka	[tərbuka]
adicional (adj)	tambahan	[tambahan]
agrio (sabor ~)	masam	[masam]
agudo (adj)	tajam	[taʤam]
amargo (adj)	pahit	[pahit]
amplio (~a habitación)	lapang, luas	[lapaŋ], [luas]
antiguo (adj)	kuno	[kuno]
arriesgado (adj)	riskan	[riskan]
artificial (adj)	buatan	[buatan]
azucarado, dulce (adj)	manis	[manis]
bajo (voz ~a)	lirih	[lirih]
bello (hermoso)	cantik	[ʧantiʔ]
blando (adj)	empuk	[empuʔ]
bronceado (adj)	hitam terbakar matahari	[hitam tərbakar matahari]
central (adj)	sentral	[sentral]
ciego (adj)	buta	[buta]
clandestino (adj)	rahasia, diam-diam	[rahasia], [diam-diam]
compatible (adj)	serasi, cocok	[serasi], [ʧoʧoʔ]
congelado (pescado ~)	beku	[beku]
contento (adj)	puas	[puas]
continuo (adj)	panjang	[panʤaŋ]
cortés (adj)	sopan	[sopan]
corto (adj)	pendek	[pendeʔ]
crudo (huevos ~s)	mentah	[məntah]
de segunda mano	bekas	[bekas]
denso (~a niebla)	pekat	[pekat]
derecho (adj)	kanan	[kanan]
difícil (decisión)	sukar, sulit	[sukar], [sulit]
dulce (agua ~)	tawar	[tawar]
duro (material, etc.)	keras	[keras]
enfermo (adj)	sakit	[sakit]
enorme (adj)	sangat besar	[saŋat besar]
especial (adj)	khusus	[husus]
estrecho (calle, etc.)	sempit	[sempit]
exacto (adj)	tepat	[tepat]
excelente (adj)	sangat baik	[saŋat baiʔ]
excesivo (adj)	berlebihan	[bərlebihan]
exterior (adj)	luar	[luar]
fácil (adj)	mudah	[mudah]
feliz (adj)	bahagia	[bahagia]
fértil (la tierra ~)	subur	[subur]
frágil (florero, etc.)	rapuh	[rapuh]

fuerte (~ voz)	lantang	[lantaŋ]
fuerte (adj)	kuat	[kuat]
grande (en dimensiones)	besar	[besar]
gratis (adj)	gratis	[gratis]
importante (adj)	penting	[pentiŋ]

infantil (adj)	kanak-kanak	[kanaʔ-kanaʔ]
inmóvil (adj)	tak bergerak	[taʔ bərgeraʔ]
inteligente (adj)	pandai, pintar	[pandaj], [pintar]
interior (adj)	dalam	[dalam]
izquierdo (adj)	kiri	[kiri]

27. Los adjetivos. Unidad 2

largo (camino)	panjang	[pandʒʲaŋ]
legal (adj)	sah	[sah]
ligero (un metal ~)	ringan	[riŋan]
limpio (camisa ~)	bersih	[bərsih]
líquido (adj)	cair	[ʧair]

liso (piel, pelo, etc.)	rata, halus	[rata], [halus]
lleno (adj)	penuh	[penuh]
maduro (fruto, etc.)	masak	[masaʔ]
malo (adj)	buruk, jelek	[buruk], [dʒʲeleʔ]
mate (sin brillo)	kusam	[kusam]

misterioso (adj)	misterius	[misterius]
muerto (adj)	mati	[mati]
natal (país ~)	asli	[asli]
negativo (adj)	negatif	[negatif]
no difícil (adj)	tidak sukar	[tidaʔ sukar]

normal (adj)	normal	[normal]
nuevo (adj)	baru	[baru]
obligatorio (adj)	wajib	[wadʒib]
opuesto (adj)	bertentangan	[bərtentaŋan]
ordinario (adj)	biasa	[biasa]

original (inusual)	orisinal, asli	[orisinal], [asli]
peligroso (adj)	berbahaya	[bərbahaja]
pequeño (adj)	kecil	[keʧil]
perfecto (adj)	cemerlang	[ʧemerlaŋ]
personal (adj)	pribadi	[pribadi]
pobre (adj)	miskin	[miskin]

poco claro (adj)	tidak jelas	[tidaʔ dʒʲelas]
poco profundo (adj)	dangkal	[daŋkal]
posible (adj)	mungkin	[muŋkin]
principal (~ idea)	utama	[utama]
principal (la entrada ~)	utama	[utama]

probable (adj)	mungkin	[muŋkin]
público (adj)	umum	[umum]
rápido (adj)	cepat	[ʧepat]
raro (adj)	jarang	[ʤˈaraŋ]
recto (línea ~a)	lurus	[lurus]

sabroso (adj)	enak	[enaʔ]
siguiente (avión, etc.)	depan	[depan]
similar (adj)	mirip	[mirip]
sólido (~a pared)	kuat, kukuh	[kuat], [kukuh]
sucio (no limpio)	kotor	[kotor]
tonto (adj)	bodoh	[bodoh]

triste (mirada ~)	sedih	[sedih]
último (~a oportunidad)	terakhir	[tərahir]
último (~a vez)	lalu	[lalu]
vacío (vaso medio ~)	kosong	[kosoŋ]
viejo (casa ~a)	tua	[tua]

28. Los verbos. Unidad 1

abrir (vt)	membuka	[membuka]
acabar, terminar (vt)	mengakhiri	[məŋahiri]
acusar (vt)	menuduh	[mənuduh]
agradecer (vt)	mengucapkan terima kasih	[mənuʧapkan tərima kasih]

| almorzar (vi) | makan siang | [makan siaŋ] |
| alquilar (~ una casa) | menyewa | [mənjewa] |

anular (vt)	membatalkan	[membatalkan]
anunciar (vt)	mengumumkan	[məŋumumkan]
apagar (vt)	mematikan	[mematikan]
autorizar (vt)	mengizinkan	[məŋizinkan]
ayudar (vt)	membantu	[membantu]

bailar (vi, vt)	berdansa, menari	[bərdansa], [menari]
beber (vi, vt)	minum	[minum]
borrar (vt)	menghapus	[məŋhapus]
bromear (vi)	bergurau	[bərgurau]
bucear (vi)	menyelam	[mənjelam]
caer (vi)	jatuh	[ʤˈatuh]

cambiar (vt)	mengubah	[mənubah]
cantar (vi)	menyanyi	[mənjanji]
cavar (vt)	menggali	[məŋgali]
cazar (vi, vt)	berburu	[bərburu]
cenar (vi)	makan malam	[makan malam]

| cerrar (vt) | menutup | [mənutup] |
| cesar (vt) | menghentikan | [məŋhentikan] |

coger (vt)	**menangkap**	[mənaŋkap]
comenzar (vt)	**memulai, membuka**	[memulaj], [membuka]
comer (vi, vt)	**makan**	[makan]
comparar (vt)	**membandingkan**	[membandiŋkan]
comprar (vt)	**membeli**	[membeli]
comprender (vt)	**mengerti**	[məŋerti]
confiar (vt)	**mempercayai**	[mempərtʃajaj]
confirmar (vt)	**mengonfirmasi**	[məŋonfirmasi]
conocer (~ a alguien)	**kenal**	[kenal]
construir (vt)	**membangun**	[membaŋun]
contar (una historia)	**menceritakan**	[məntʃeritakan]
contar (vt) (enumerar)	**menghitung**	[məŋhituŋ]
contar con ...	**mengharapkan ...**	[məŋharapkan ...]
copiar (vt)	**menyalin**	[mənjalin]
correr (vi)	**lari**	[lari]
costar (vt)	**berharga**	[bərharga]
crear (vt)	**menciptakan**	[məntʃiptakan]
creer (en Dios)	**percaya**	[pərtʃaja]
dar (vt)	**memberi**	[memberi]
decidir (vt)	**memutuskan**	[memutuskan]
decir (vt)	**berkata**	[bərkata]
dejar caer	**tercecer**	[tərtʃetʃer]
depender de ...	**tergantung pada ...**	[tərgantuŋ pada ...]
desaparecer (vi)	**menghilang**	[məŋhilaŋ]
desayunar (vi)	**sarapan**	[sarapan]
despreciar (vt)	**benci, membenci**	[bentʃi], [membentʃi]
disculpar (vt)	**memaafkan**	[memaʔafkan]
disculparse (vr)	**meminta maaf**	[meminta maʔaf]
discutir (vt)	**membicarakan**	[membitʃarakan]
divorciarse (vr)	**bercerai**	[bərtʃeraj]
dudar (vt)	**ragu-ragu**	[ragu-ragu]

29. Los verbos. Unidad 2

encender (vt)	**menyalakan**	[mənjalakan]
encontrar (hallar)	**menemukan**	[mənemukan]
encontrarse (vr)	**bertemu**	[bərtemu]
engañar (vi, vt)	**menipu**	[mənipu]
enviar (vt)	**mengirim**	[məŋirim]
equivocarse (vr)	**salah**	[salah]
escoger (vt)	**memilih**	[memilih]
esconder (vt)	**menyembunyikan**	[mənjembunjikan]
escribir (vt)	**menulis**	[mənulis]
esperar (aguardar)	**menunggu**	[mənuŋgu]

esperar (tener esperanza)	berharap	[bərharap]
estar ausente	absen, tidak hadir	[absen], [tida' hadir]
estar cansado	lelah	[lelah]
estar de acuerdo	setuju	[setudʒʲu]
estudiar (vt)	mempelajari	[mempeladʒʲari]
exigir (vt)	menuntut	[mənuntut]
existir (vi)	ada	[ada]
explicar (vt)	menjelaskan	[məndʒʲelaskan]
faltar (a las clases)	absen	[absen]
felicitar (vt)	mengucapkan selamat	[mənutʃapkan selamat]
firmar (~ el contrato)	menandatangani	[mənandataŋani]
girar (~ a la izquierda)	membelok	[membelo']
gritar (vi)	berteriak	[bərteria']
guardar (conservar)	menyimpan	[mənjimpan]
gustar (vi)	suka	[suka]
hablar (vi, vt)	berbicara	[bərbitʃara]
hablar con ...	bebicara dengan ...	[bebitʃara deŋan ...]
hacer (vt)	membuat	[membuat]
hacer la limpieza	membereskan	[membereskan]
insistir (vi)	mendesak	[məndesa']
insultar (vt)	menghina	[məŋhina]
invitar (vt)	mengundang	[məŋundaŋ]
ir (a pie)	berjalan	[bərdʒʲalan]
jugar (divertirse)	bermain	[bərmajn]
leer (vi, vt)	membaca	[membatʃa]
llegar (vi)	datang	[dataŋ]
llorar (vi)	menangis	[mənaŋis]
matar (vt)	membunuh	[membunuh]
mirar a ...	melihat ...	[melihat ...]
molestar (vt)	mengganggu	[məŋgaŋgu]
morir (vi)	mati, meninggal	[mati], [meniŋgal]
mostrar (vt)	menunjukkan	[mənundʒʲu'kan]
nacer (vi)	lahir	[lahir]
nadar (vi)	berenang	[bərenaŋ]
negar (vt)	memungkiri	[memuŋkiri]
obedecer (vi, vt)	mematuhi	[mematuhi]
odiar (vt)	membenci	[membentʃi]
oír (vt)	mendengar	[məndeŋar]
olvidar (vt)	melupakan	[melupakan]
orar (vi)	bersembahyang, berdoa	[bərsembahjaŋ], [bərdoa]

30. Los verbos. Unidad 3

pagar (vi, vt)	membayar	[membajar]
participar (vi)	turut serta	[turut serta]

pegar (golpear)	memukul	[memukul]
pelear (vi)	berkelahi	[bərkelahi]
pensar (vi, vt)	berpikir	[bərpikir]
perder (paraguas, etc.)	kehilangan	[kehilaŋan]
perdonar (vt)	memaafkan	[memaʔafkan]
pertenecer a ...	kepunyaan ...	[kepunjaʔan ...]
poder (v aux)	bisa	[bisa]
poder (v aux)	bisa	[bisa]
preguntar (vt)	bertanya	[bərtanja]
preparar (la cena)	memasak	[memasaʔ]
prever (vt)	menduga	[mənduga]
probar (vt)	membuktikan	[membuktikan]
prohibir (vt)	melarang	[melaraŋ]
prometer (vt)	berjanji	[bərdʒʲandʒi]
proponer (vt)	mengusulkan	[məŋusulkan]
quebrar (vt)	memecahkan	[memetʃahkan]
quejarse (vr)	mengeluh	[məŋeluh]
querer (amar)	mencintai	[məntʃintaj]
querer (desear)	mau, ingin	[mau], [iŋin]
recibir (vt)	menerima	[mənerima]
repetir (vt)	mengulangi	[məŋulaŋi]
reservar (~ una mesa)	memesan	[memesan]
responder (vi, vt)	menjawab	[məndʒʲawab]
robar (vt)	mencuri	[məntʃuri]
saber (~ algo mas)	tahu	[tahu]
salvar (vt)	menyelamatkan	[mənjelamatkan]
secar (ropa, pelo)	mengeringkan	[məŋeriŋkan]
sentarse (vr)	duduk	[duduʔ]
sonreír (vi)	tersenyum	[tərsenyum]
tener (vt)	mempunyai	[mempunjaj]
tener miedo	takut	[takut]
tener prisa	tergesa-gesa	[tərgesa-gesa]
tener prisa	tergesa-gesa	[tərgesa-gesa]
terminar (vt)	menghentikan	[məŋhentikan]
tirar, disparar (vi)	menembak	[mənembaʔ]
tomar (vt)	mengambil	[məŋambil]
trabajar (vi)	bekerja	[bekerdʒʲa]
traducir (vt)	menerjemahkan	[mənerdʒʲemahkan]
tratar (de hacer algo)	mencoba	[məntʃoba]
vender (vt)	menjual	[məndʒʲual]
ver (vt)	melihat	[melihat]
verificar (vt)	memeriksa	[memeriksa]
volar (pájaro, avión)	terbang	[tərbaŋ]